AF263172

William Burck
est le pseudonyme de
Soame Jenyngs

HISTOIRE

DES

COLONIES EUROPÉENNES

DANS L'AMÉRIQUE,

EN SIX PARTIES.

I. Une Hiſtoire abrégée de la découverte de cette partie du monde.
II. Les mœurs & les coutumes de ſes premiers habitans.
III. L'Hiſtoire des Colonies Eſpagnoles.
IV. ———— Portugaiſes.
V. ———— Françoiſes, Hollandoiſes & Danoiſes.
VI. ———— Angloiſes.
Chaque partie contient une deſcription de la Colonie, de ſon étendue, de ſon climat, de ſes productions, de ſon commerce, du génie & des mœurs de ſes habitans : on y traite des intérêts des différentes Puiſſances de l'Europe par rapport à ces Colonies, & de leurs vues par rapport au commerce.

Traduite de l'Anglois de M. WILLIAM BURCK, par M. E. (Mr. A. Eidous)

TOME SECOND.

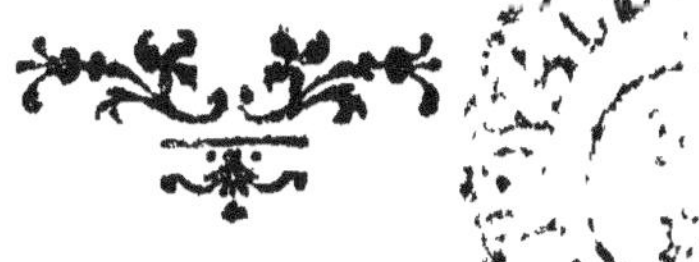

À PARIS,

Chez **MERLIN**, Libraire, rue de la Harpe, à l'Image Saint Joſeph.

M. DCC. LXVII.

Avec Approbation, & Privilege du Roi.

TABLE
DES MATIERES,

Contenues dans ce second Volume.

PARTIE V.

CHAPITRE PREMIER.

PARTIE VI.

CHAPITRE PREMIER.

PARTIE VII.

CHAPITRE PREMIER.

Fin de la Table des Matieres.

HISTOIRE

MER DU NORD
OCEAN
ATLANTIQUE
OCEAN
PACIFIQUE
ou
GRANDE MER
OCEAN
MERIDIONAL
TERRE FERME
AMAZONES
BRESIL
PARA
GUAY
DU SUD
Ligne Equinoxiale
Tropique du Capricorne
NLE ESPAGNE
Cap Nord
R. de Amazones
Todolos Sanctos
Rio Janeiro
Baldivia
TERRE DE MAGELLAN
C. Horn
Detroit de Magellan
Longitude de Londres
L'AMERIQUE
MERIDIONALE
Dressée
sur les meilleures Cartes
Modernes et sur les Observations Astronomiques
par
Emanuel Bowen
Geographe de S. M. B.

L'AMERIQUE
SEPTENTRIONALE
Dressée
sur les meilleures Cartes
Modernes et d'après
les Observations
Astronomiques
par
Eman. Bowen
Geographe de S. M. B.
1747
Longitude de Londres
PAIS INCONNUS
Cercle Polaire Arctique
P. Williams
N. Vales Sept.
NORD MAIN
Thomas Smiths
Detroit de Horn
Groenland
Detroit de Davis
Baye d'Hudson
NOUVELLE ANGLETERRE
CANADA ou NOUV. FRANCE
TERRE NEUVE
IRLANDE
ANGLETERRE
ALLEMAGNE
FRANCE
ESPAGNE
Baie de Biscaye
PORTUGAL
Detroit de Gibraltar
C. Blanco
Nouvelle Albion
Quivira
Panis
Apaches
NOUV. FRANCE
Nouv. Mexique
LA LOUISIANE
OCEAN ATLANTIQUE
OU
OCCIDENTAL
Açores
Isles Terceres
Isles du Cap Verd
Isles Canaries
Tenerif
Isles de Bermudes ou de Sommers
Tropique du Cancer
GOLFE DU MEXIQUE
ESPAGNOLE
Honduras
Cuba
Bahama
Jamaique
Porto Rico
Hispaniola
Antilles ou Caribbe I.
Guardaloupe
Martinique
Trinité
Isle de la Passion
Guatimala
TERRE FERME
P. DE L'AMERIQUE MERID.
d'Orange
Surinam
MER DU SUD

HISTOIRE

DES

COLONIES EUROPÉENNES

DANS L'AMÉRIQUE.

CINQUIEME PARTIE.

COLONIES FRANÇOISES.

CHAPITRE I.

Etablissement des François dans les Indes Occidentales. Protégés par le Cardinal de Richelieu. De Poincy Gouverneur. Compagnie des Indes Occidentales.

LES François ont été les derniers à former des établissemens dans les Indes Occidentales, mais ils se sont amplement dédommagés du temps qu'ils avoient perdu par l'activité avec laquelle ils y ont travaillé, & par les mesures admirables & judicieuses qu'ils ont prises pour en tirer parti & surmônter les difficultés que la nature du terrein & du climat leur opposoit. Les guerres civiles qui déchirerent ce Royaume presque sans interruption, depuis la mort de Henri II. jusqu'à la majorité de Louis XIV, détournerent l'attention du Souverain & des Sujets du commerce, pour les occuper des partis qui s'étoient formés dans la Religion & le Gouvernement. Les politiques de la Maison de Valois, imbus des maximes de Machiavel, mirent tout en usage pour susciter des tempêtes, pour avoir occasion d'étaler leur sçavoir dans le pilotage. Les partis qui divisoient la France, se mettoient peu en peine des intérêts du Royaume ; de sorte que de quelque côté que penchât la balance, soit du côté du Roi ou de la Noblesse, des Catholiques ou des Protestans, la nation ne s'en trouvoit pas plus à son aise. Les partis jouoient sur les fonds publics, sans en être plus riches, tandis que leurs divisions appauvrissoient le peuple. On peut regarder le siecle du

Cardinal de Richelieu comme la vraie époque de la politique Françoise. Ce grand homme pacifia les troubles qui agitoient le Royaume, éleva l'autorité royale fur les ruines de celles de la Nobleffe, & forma ce fyftême général de politique dans les affaires étrangeres, qui a élevé la France au point de grandeur où nous la voyons. Cependant, tout occupé qu'il étoit de ces foins, il n'oublia ni le commerce, ni les Colonies, ni les établiffemens dans les contrées étrangeres. Mais les circonftances du temps, jointes à la multitude d'objets qu'il embraffoit, ne lui permirent point d'achever ce qu'il avoit fi heureufement commencé. Il étoit réfervé à Colbert, un des plus grands, des plus fages & des plus vertueux Miniftres qui ayent jamais fervi un Prince, de perfectionner ce plan, de l'exécuter, & de mettre les chofes dans un tel ordre, qu'il fût aifé, lorfque les circonftances le permettroient, de rendre la France une des premieres Puiffances commerçantes de l'Europe, & fes Colonies les plus floriffantes de l'Amérique.

Ce fut au commencement du regne de François I que les François fonge-

rent pour la premiere fois à s'établir
dans l'Amérique feptentrionale ; mais
ils n'exécuterent leur deffein qu'en 1625
qu'ils fonderent une Colonie dans l'Ifle
de Saint-Chriftophe, une des Caribes ; &
ce qu'il y eut de remarquable, fut que
les Anglois prirent poffeffion de l'Ifle
le même jour. Mais les uns ni les autres ne jouirent pas long-temps de cet
établiffement. Les Efpagnols qui crai-
gnoient le voifinage de ces deux Puiffances, & qui leur envioient les avantages qu'elles pouvoient tirer d'un pays
qui ne leur appartenoit point, & qu'il
leur convenoit de laiffer défert, attaquerent ces deux nouvelles Colonies, &
les châfferent de l'Ifle.

Les Anglois y retournerent peu de
temps après, & s'emparerent de la plus
grande & de la meilleure partie de l'Ifle
avant que les François euffent le temps
d'y revenir en forces. Ceux-ci trouvant
que les Anglois en étoient en poffeffion, fe contenterent de laiffer une petite Colonie dans l'autre partie de l'Ifle.
Mais les principaux habitans furent
chercher fortune ailleurs ; & après avoir
lutté contre la fortune & les difficultés
dans lefquelles leur imprudence les avoit
jettés, ils s'établirent enfin dans la Guadeloupe.

Le Cardinal de Richelieu connut de bonne heure les avantages que l'on pouvoit tirer de ces établissemens, s'ils étoient sagement ménagés, & comprit que l'unique moyen de se les assurer & de les augmenter, étoit d'en confier le Gouvernement à un homme capable & intelligent. Dans cette vue, il jetta les yeux sur M. de Poincy, Chevalier de Malthe, & l'y envoya en qualité de Gouverneur & de Lieutenant Général des Isles de l'Amérique. Personne n'étoit plus capable que lui de réformer les désordres inséparables des nouveaux établissemens, & de mettre les choses en bon ordre. Issu d'une famille illustre, d'une probité reconnue, sçavant, versé dans les affaires, & d'un génie vaste & étendu, il employa les connoissances qu'il avoit acquises dans les Méchaniques, pour l'avantage des Colonies qu'on lui avoit confiées. Ce fut lui qui leur apprit la maniere de cultiver les cannes à sucre, & de les préparer. Il perfectionna les moulins & les fourneaux dont on s'étoit servi jusques alors dans le Bresil; & après avoir dirigé leur industrie, il encouragea tous ceux qui employoient pour subsister, des moyens propres à hâter les progrès

de fa nouvelle Colonie, & réprima avec
autant de foin que de févérité, la cupidité de quiconque cherchoit à s'enrichir aux dépens du public. Il fit des
réglemens admirables pour que la juftice fût adminiftrée fans partialité &
fans délai ; & perfuadé que la Religion
eft la bafe & le fondement du bon ordre, il fit bâtir des Eglifes dans toutes
les Ifles qui étoient de fon reffort, &
y mit des Prêtres auxquels il donna des
appointemens honnêtes, ne jugeant pas
que les Couvents ni les Moines fuffent
compatibles avec une nouvelle Colonie.

Sous l'infpection de ce Gouverneur,
la Martinique, la Guadeloupe, une partie de Saint-Chriftophe, Saint-Barthelemi & Saint-Martin s'affermirent, &
commencerent à fleurir, malgré le peu
de fecours que la France y envoya ; ce
qui prouve que dans les affaires de
cette nature tout dépend de l'autorité
& de la fageffe de la perfonne dont on
fait choix pour commander.

Ces Ifles étoient malheureufement
fous la direction d'une Compagnie ex-
clufive, qui, malgré tous les foins qu'on
fe donna, furtout après la mort du Cardinal de Richelieu, négligea les affaires,

& les mena si mal, qu'elle fut obligée de vendre une partie de ces établissemens, après avoir laissé le reste dans l'état le plus pitoyable. Dans la suite le Gouvernement acheta ces Isles, & retira les autres des mains de ceux qui les possédoient. On fit des réglemens pour le commerce, & il commença à fleurir sous la direction de la Compagnie des Indes. Ces réglemens furent faits en 1680, & l'on en sentit bientôt les effets. Les Compagnies exclusives sont certainement avantageuses pour favoriser un commerce qui ne fait que commencer. Elles peuvent aussi être utiles pour celui qui se fait dans un pays éloigné & soumis à la domination d'un Prince barbare; mais lorsqu'il se fait entre les différentes parties des domaines d'un même Prince, sous la protection de ses loix, par ses propres sujets, & avec des denrées du crû du pays, ces sortes de Compagnies sont aussi absurdes dans leur nature, que ruineuses par les effets qu'elles produisent relativement au commerce.

CHAPITRE II.

Deſtruction de la Colonie de Saint-Chriſ-
tophe. Origine des Boucaniers. Cauſe
de leurs ſuccès. Etabliſſement d’Hiſpa-
niola. Politique de la Cour de France.
Deſcription d’Hiſpaniola. Son com-
merce. Villes du Cap François & de
Léogane.

Les Eſpagnols ne tarderent pas long-
temps à s’appercevoir. de l’injuſtice
qu’ils avoient commiſe en ruinant la
premiere Colonie de Saint-Chriſtophe,
par la vengeance que leurs ennemis en
tirerent. On vit en même temps par
leur exemple qu’il eſt infiniment plus
avantageux de laiſſer un peuple hardi
& courageux s’établir dans un endroit
où il ne peut faire beaucoup de mal,
& s’employer à des occupations innocentes, que de l’aigrir par les difficultés
qu’on lui oppoſe, & qui les forcent
enfin à prendre des meſures plus dan-
gereuſes & plus nuiſibles.

Pluſieurs François qui avoient été
chaſſés de Saint-Chriſtophe, ſe voyant
réduits à l’indigence, réſolurent de s’en

tirer à quelque prix que ce fût. Ils s'a-
donnerent à la piraterie, & s'étant joints
à quelques vagabonds Anglois, Danois,
& autres rebuts de différentes nations,
gens déterminés & conduits par des
chefs intelligens, ils commencerent à
courir sur les Espagnols ; ils se contenterent d'abord de prendre leurs vaisseaux & de ruiner leur commerce, ce
qu'ils firent avec beaucoup de succès.
Après quoi ils débarquerent dans le Continent de la Nouvelle Espagne & dans
la Terre-Ferme, brûlerent & saccage-
rent le plat pays. Leur hardiesse & leur
nombre ayant augmenté par leurs succès, ils attaquerent & prirent quelques-
unes de leurs plus fortes Places & de
leurs Villes les plus opulentes, Porto-
Bello, Campéche, Maracaibo, Gibraltar & la forteresse de Chagra. Ils em-
porterent même d'affaut la ville de Panama, & la brûlerent, après avoir battu
une armée qu'on avoit envoyée pour
la secourir. Ils firent dans ces Places
& dans toutes les autres qu'ils prirent,
un butin immense, & y commirent des
cruautés inouies. Un autre parti de ces
pirates passa le détroit de Magellan, &
étant entré dans la mer du Sud, rava-
gea toute la côte du Perou, du Chili

& du Mexique, & en fit une scene de
désolation & d'horreur. Ils réussirent
par-tout, parce qu'ils se conduisoient
avec une sagesse & une bravoure qui,
dans toute autre occasion, leur eussent
mérité les plus grands honneurs.

On sera sans doute surpris que toutes les grandes choses qui ont été faites
dans le Nouveau Monde ayent été ef-
fectuées ou par des pirates actuels, tels
qu'étoient ceux dont je viens de parler,
ou par de simples avanturiers qui ne valoient pas mieux qu'eux ; par des gens
dont le courage & l'habileté étoient
tout à la fois leur commission, leur ma-
gasin, leur trésor, & qui n'avoient d'autre ressource pour faire la guerre que la
guerre même ; tandis que les flotes les
plus nombreuses & les mieux avitaillées
ont honteusement échoué, & qui plus
est, dans les mêmes endroits où ces
mêmes avanturiers ont acquis tant de
gloire par leurs succès. Il n'est pas difficile d'en trouver la cause. Il n'y a que
des gens braves & entreprenans qui
soient capables de former de pareils projets. Sans appui, il est vrai, mais libres
& indépendans, & pressés par le besoin, ils étoient obligés de se servir de
tous leurs talens pour avancer leur for-

tune, & heureusement pour eux, rien n'en rallentissoit l'activité. Ils se bornerent au commencement à de petites expéditions, & elles leur réussirent. Ils ne menoient point avec eux de grandes armées, à la subsistance desquelles il fallût pourvoir, ni qui fussent découragées & ruinées par les fatigues & l'intempérie du climat. Seuls, ils s'endurcissoient peu à peu à la fatigue, les moindres succès les encourageoient, & ils suppléoient à ce qui leur manquoit du côté de la puissance & du nombre, par leur activité, leur vigilance & leur courage. Ce sont là des causes proportionnées à l'effet & à tel effet que ce puisse être ; au lieu que par la voie ordinaire, on a rarement envoyé dans l'Amérique un Général d'une réputation connue ; il eût trouvé ce service indigne de lui : les autres qui avoient quelques talens, n'ont dû cette place qu'à la faveur & à l'intrigue. On sçait quel a été le succès des armemens que l'Angleterre, la Hollande & la France ont envoyés de temps à autre dans l'Amérique, & le peu de gloire qu'ils y ont acquise. La chose est si notoire, que ce seroit perdre le temps d'insister davantage sur cet article.

A vj

Les pirates, que nous nommons im-proprement Boucaniers, font appellés par les François Flibuftiers, des Flibots avec lefquels ils firent leurs premieres expéditions. Les Boucaniers ne font autre chofe que des gens qui vont à la chaffe des bœufs fauvages dans l'Amérique, pour en avoir le cuir & le fuif. Quelques-uns de ceux-ci fe joignirent aux Flibuftiers, d'où vient que nous les confondons tous les deux fous le nom commun de Boucaniers. Ces gens avoient coutume de conduire leurs prifes à la Jamaïque, ce qui enrichit extrêmement cette Ifle. D'autres s'étant apperçus que les Efpagnols étoient très-foibles à Hifpaniola, & avoient abandonné une partie confidérable de cette Ifle, en firent un lieu de rendez-vous. Ceux qui alloient à la chaffe, furent exercer leur profeffion dans les endroits dont les Efpagnols avoient fait déferter les habitans par leur tyrannie. A ces deux fortes de pirates, il s'en joignit une troifieme. C'étoient des François habitans des petites Antilles, lefquels ayant reconnu le gain qu'il y avoit à faire avec un peuple qui dépenfoit beaucoup, & qui n'étoit pas fort entendu dans fes marchés, & qu'il n'y avoit pas

de meilleur terrain dans l'Amérique,
passerent dans cette Isle, & s'y établirent en qualité de marchands & de
colons. Ces trois sortes de gens que le
besoin avoit unis, vivoient en très-
bonne intelligence. Les Espagnols les
chasserent plusieurs fois; mais ils revin-
rent avec de nouvelles forces, & ce ne
fut qu'avec beaucoup de difficultés &
de longues disputes que les Espagnols
recouvrerent une partie de l'Isle

La Cour de France feignit d'ignorer
les progrès qu'ils faisoient, & désavoua
leur conduite, ne jugeant pas à propos de se brouiller avec l'Espagne pour
un pays qu'elle n'étoit pas sûre de garder ; & dont les avantages étoient encore douteux. Mais, lorsqu'elle vit que
les François d'Hispaniola étoient assez
nombreux, assez forts & assez riches
pour tenir tête à leurs ennemis, elle
les avoua pour ses sujets, & leur envoya un Gouverneur & un corps de
troupes régulieres, pour les aider à conserver les conquêtes qu'ils avoient faites. Elle ferma les yeux sur leurs pira-
teries, parce que le commerce des cuirs
augmentoit, & qu'elle gagnoit tous les
jours du terrein. A la fin la France acquit un droit légitime sur cette Isle,

par la cession que les Espagnols lui firent
de la partie qui est au Nord-Ouest, par
le Traité de Ryswick en 1697. On
peut dire que c'est la meilleure & la plus
fertile partie de la meilleure Isle des Indes Occidentales, & peut-être du monde entier ; aussi est-ce la premiere où
les Européens se soient établis. Elle a
plus de quatre cens milles de long sur
cent quarante de large. C'est le principal établissement qu'ayent les François
dans les Indes occidentales, & même
dans toute l'Amérique. Le pays est
extrêmement montagneux dans quelques endroits ; mais plusieurs de ces
montagnes sont fertiles & couvertes de
très-beaux bois. Celles qui sont incultes
& stériles contenoient autrefois des mines d'or & même d'argent, de fer & de
cuivre ; mais on ne les exploite plus aujourd'hui, les François jugeant avec
beaucoup de raison, qu'il vaut mieux
cultiver les plaines, pour en tirer les
denrées précieuses dont le débit est si
prompt en Europe, que de s'attacher
à des mines dont le profit est plus in-
certain, & qui après tout ne produisent qu'un métal infiniment moins précieux que ces denrées.

On trouve aussi dans le pays quan-

tité de plaines très-vaftes, & très-fer-
tiles, couvertes de très-belles futayes,
ou d'arbres fruitiers excellens dans leurs
efpeces, ou de riches pâturages où paif-
fent un nombre prodigieux de bêtes à
cornes, de moutons & de pourceaux.
L'air d'Hifpaniola eft le plus fain qu'il
y ait dans les Indes Occidentales. Le
pays eft arrofé par quantité de ruiffeaux
& de rivieres navigables ; il n'eft donc
pas étonnant que cette nation active &
induftrieufe en ait retiré de fi prodigieux
avantages, vu les encouragemens qu'elle
reçoit de la Cour de France, & la fageffe des réglemens qu'elle a faits réla-
tivement à cette Colonie. J'en parlerai
ailleurs. Mais ce qu'il y a de certain,
eft qu'en 1726, on comptoit dans cette
Ifle cent mille negres & trente-fix mille
blancs ; qu'on y recueilloit foixante
mille muids de fucre, chacun du poids
de cinq cens livres ; que l'indigo y va-
loit la moitié plus que le fucre ; qu'on
exportoit quantité de coton, & qu'on
fit paffer en France une affez bonne
quantité de cacao & de gingembre.
Depuis la récolte du caffé a augmenté
confidérablement. Or, en fuppofant que
les chofes en foient reftées fur ce pied-
là, & que la récolte des denrées ait

été la même qu'en 1726, ce qui eſt faux, & que le ſucre n'ait été vendu que ſur le pied de vingt-quatre ſchelins le quintal les ſoixante mille muids monteront à trois cens mille livres ſterling. Il eſt vrai que le prix de l'indigo a un peu baiſſé depuis lors ; mais comil eſt devenu plus abondant, ce n'eſt pas trop exagérer que de l'évaluer à cent mille livres ſterling. Si l'on y joint le produit du coton, du cacao, du gingembre & des cuirs, ce ne ſera pas trop de l'augmenter de cent mille livres. Je ſuppoſe les choſes ſur le pied où elles étoient en 1726 ; & cela étant, il s'enſuivroit que cette Iſle rapporte à la France cinq cens cinquante mille livres ſterling par an. Mais ſi l'on conſidere qu'elles ont beaucoup augmenté depuis ce temps là, qu'il ſe fait une grande conſommation de ſucre & de caffé, ce ne ſera pas trop que d'évaluer le produit de cette Colonie à ſept cens cinquante mille livres ſterling par an. Il eſt vrai que cette branche du commerce a beaucoup ſouffert dans la derniere guerre, & que les progrès de la Colonie ſe font un peu rallentis ; mais cela n'empêche pas que les choſes ne ſoient telles pour le moins que je viens de le dire.

Les nations, telles que la France &
l'Angleterre, dont les peuples font actifs & induftrieux, réparent bientôt les
pertes qu'elles ont fouffertes. Le commerce de France étoit dans un état déplorable à la paix d'Utrecht. Elle n'a-
voit en tout que cinq cens vaiffeaux,
& cependant elle en avoit mille huit
cens au commencement de la derniere
guerre, je veux dire trente ans après.
Elle fit de très-grandes pertes dans cette
guerre, & cependant celles qu'elle vient
d'effuyer dans celle ci, prouvent qu'elle
n'a pas été longtemps à les réparer. Une
plaie eft bientôt guérie tant que le principe vital fubfifte dans toute fa vigueur.
Les maladies e les-mêmes font des efpeces de remedes, & chaque nouvelle
perte que l'on fait, montre non-feulement la maniere dont il faut s'y prendre pour la réparer, mais infpire encore une vigueur qui nous fait appercevoir de nouveaux avantages. Ces fortes de pertes rendent les peuples induftrieux & entreprenans ; elles ramenent
les chofes à leurs premiers principes ;
elles entretiennent le mouvement, &
éguifent l'appétit des commerçans. C'eft
la raifon pour laquelle, malgré les guerres continuelles qui regnent en Euro-

pe, & les pertes que les nations qui l'habitent, souffrent réciproquement les unes des autres, elle font toujours floriffantes ; & s'il m'eft permis de hazarder une conjecture, je croirois qu'une des caufes qui a fait tomber le commerce de la Hollande, eft qu'elle n'a point eu de guerre depuis la paix d'Utrecht, je veux dire depuis plus de quarante ans. Il fembleroit qu'elle a retiré des grands avantages de fa neutralité, & cependant avec quelle promptitude ne décline-t-elle point ? Ce pays, qui eft devenu une nation & une nation riche & commerçante, au milieu de la guerre la plus coûteufe & la plus fanglante qu'il y ait jamais eue, ne perd-elle pas aujourd'hui fon commerce, fes richeffes & fa puiffance, & ne ceffe-t-elle prefque pas d'être une nation dans le fein de la paix dont elle jouit depuis plus de quarante ans ? Pour être toujours de pair avec la France ; nous devons beaucoup moins compter fur le tort que nous pouvons faire à fon commerce en temps de guerre, que fur la vigueur, l'économie & la fageffe des mefures que nous prenons pour affurer & étendre le nôtre tant en temps de paix qu'en temps de guerre.

La plus grande ville que la France posséde à Hispaniola, est le Cap François, lequel est situé dans la partie septentrionale de l'Isle, sur un très-bon port. Elle est très-bien bâtie, & contient environ huit mille habitans tant noirs que blancs. Quoique cette ville soit la plus considérable, cela n'empêche pas que Léogane, qui est dans la partie Occidentale, & dont le port est aussi fort bon, ne soit le siege du Gouvernement, lequel est entre les mains d'un Gouverneur & d'un Intendant qui se veillent l'un l'autre de très-près. Il y a dans cette Isle deux autres villes considérables pour le commerce, sçavoir, Petit-Guaves à l'extrémité Occidentale de l'Isle, & Port-Louis dans la partie qui est au Sud Ouest.

CHAPITRE IX.

Deſcription de la Martinique, de la Guadeloupe & des autres Iſles Fran- çoiſes. Leurs productions. Obſervations ſur les erreurs dans leſquelles on eſt tombé à leur ſujet.

LA Martinique eſt après Saint-Do- mingue, la meilleure Ile que les Fran- çois poſſédent dans l'Amérique. C'eſt une des Caribes, entre leſquelles elle tient le premier rang. Elle a environ ſoixante milles de long, & à-peu-près la moitié autant de large, & eſt ſituée à quarante lieues au Nord des Barba- des. Elle contient de très hautes mon- tagnes, ſur - tout dans l'intérieur du pays, d'où ſortent quantité de petites rivieres qui la fertiliſent à un point extraordinaire. Elle a quantité de baies & de ports, ſûrs, commodes, & ſi bien fortifiés, que nous avons toujours échoué dans les tentatives que nous avons faites pour nous en empa- rer. Son terrein eſt aſſez fertile, & produit les mêmes choſes que les nô- tres, ce qui fait que je ne m'étendrai point fur cet article. On y recueille une grande quantité de fucre, de même que dans toutes les Iles, & cette denrée fait la principale branche de fon commerce. Je puis dire fans trop exagérer, qu'on en tire tous les ans foixante à foixante-dix mille barriques, pefant chacune cinq à fix çens livres. Elle produit auffi du coton, de l'indigo, du piment & du caffé, mais j'ignore à quoi fe monte la valeur de ces denrées. La Martinique eft la réfidence du Gouverneur des Iles Françoifes.

La Guadeloupe eft la plus grande des Iles Antilles. Elle eft prefque coupée en deux par un golfe profond, à l'extrémité duquel eft un ifthme, qui joint les deux peninfules qui la compofent. Elle a plus de foixante milles de long, fur prefque autant de large. Son terrein n'eft point inférieur à celui de la Martinique, & eft également bien cultivé. Cette Ile eft très bien fortifiée, & produit les mêmes denrées que la Martinique ; fçavoir, du fucre, de l'indigo, du coton, &c.

Les autres Iles que les François poffédent dans ces mers font, la Defirade, Saint-Barthelemi, & Mariga-

lante; mais elles ne font point à com-
parer avec celles dont je viens de parler. Ces trois Iles enfemble ne produifent pas plus de fept à huit mille barriques de fucre. Quant à celle de Saint-
Vincent , elle eft habitée par des
naturels de l'Amérique , & par des
Négres qui fe font enfuis des autres
Iles Caribes , auxquels les François
l'ont abandonnée. J'ignore ce que rapporte Sainte-Lucie , ou comme on
l'appelle fouvent, Sainte-Alouzie. Ils y
font établis depuis fi peu de temps ,
qu'elle ne fauroit produire beaucoup, &
ce fera notre faute , fi elle rapporte
jamais davantage. Ces Iles , outre les
marchandifes d'étape , produifent du
rocou , du bois du Brefil . de la caffe
& du bois de rofe. Les François ont
un établiffement dans une Ile fituée
fur la côte de la Terre Ferme, dans la
province de Guiane , appellée Cayenne , & poffédent encore une partie
confidérable du Continent , mais ils
n'ont pas encore étendu leurs poffeffions de ce côté là. Cette Ile eft très
mal-faine , quoiqu'elle le foit moins
qu'autrefois. Ils en tirent les mêmes
denrées que des Caribes.

Je ne puis apprécier au jufte le pro-

duit de ces Iles, malgré les recher-
ches que j'ai faites pour ne point l'exagérer. Il est vrai que j'ai fait monter
celui des Caribes beaucoup plus haut
que ne l'a fait l'ingénieux compilateur
des voyages d'Harris, mais cet Auteur
ne me paroît point avoir examiné ce
point avec l'attention qui lui est ordinaire. Il dit en parlant de la Martinique, qu'étant la plus grande, elle contient aussi un plus grand nombre d'habitans que les Barbades, & produit
aussi une plus grande quantité de sucre. Parlant un peu plus bas de la
Guadeloupe, il observe, qu'elle produit plus de sucre qu'aucune des Iles
Angloises, excepté la Jamaïque; &
cependant, lorsqu'il vient à sommer
tous les produits de ces Iles, il ne fait
monter le tout qu'à quinze mille barriques de sucre, d'environ six cens
livres pesant, en même-temps qu'il
dit que la seule Ile des Barbades, produit une fois autant de sucre que la
Martinique, la Guadeloupe & toutes les Caribes ensemble. Il le fait
monter en 1730, à vingt-deux mille
barriques de plus de treize cens pesant.
Il faut donc qu'il se soit trompé, ce
qui est pardonnable dans un ouvrage

auſſi immenſe, & ·qui en général eſt fait de main de maître.

Quoiqu’il en ſoit, je ſçai de bonne part, que les François recueillent pour le moins autant de ſucre que nous, & que leur commerce a moins baiſſé que le nôtre; qu’ils cultivent une grande quantité d’indigo, au lieu qu’il n’y en a plus dans nos Colonies; que depuis quelques années, ils ont envoyé en France une quantité prodigieuſe de caffé, tandis qu’on ne le cultive preſque plus dans nos Iles; en un mot, que la France l’emporte ſur nous dans cette partie du monde. On a vû les avantages qu’elle tire d’Hiſpaniola. Que ſera-ce, ſi elle vient un jour à ſe rendre maîtreſſe de toute l’Ile. Nous aurons alors pour voiſins, au lieu d’Eſpagnols indolents, des François hardis, vifs, & entreprenants. Perſonne n’ignore le danger d’un pareil voiſinage. La Jamaïque eſt tout auprès, & dans la ſituation où elle eſt, peut-être n’eſt-elle pas aſſez fortifiée. Que ſi avec cela les François gardoient les Iles de Saint-Vincent, de Sainte-Lucie & de Tabago, n’y plantaſſent-ils que du bois pour le chauffage & la charpenterie, quels avantages ne

tireroient-ils

tireroient-ils point de leurs Colonies, quels dommages ne cauſeroient - ils point aux nôtres, qui en ſont pour ainſi dire entourées, & qu’ils pourroient bloquer, lorſque bon leur ſembleroit ?

Ces dernieres Iles reſterent neutres à la derniere paix, ou pour me ſervir d’autres termes, furent abandonnées à la rupture de la premiere, de la maniere qu’il falloit pour exciter un nouvel incendie, (je ſuis perſuadé que ce n’étoit point l’intention des deux partis), & comme ſi l’on n’eût eu d’autre deſſein. En effet, rien n’eſt plus dangereux que ces reſtes de comptes, que le parti victorieux ne ſe preſſe jamais de ſolder, & qui donnent lieu à de nouveaux troubles. Il vaut mieux ſavoir tout-d’un-coup à quoi s’en tenir, ſoit en bien, ſoit en mal. Si à la concluſion de la paix, nos affaires prenoient un mauvais train, quelles reſſources trouverions-nous dans les pays que nous poſſédons ? La Jamaïque eſt mal cultivée. Les Bahamas ſur leſquelles nous avons un droit inconteſtable, & dont nous pourrions tirer quantité de ſucre, ſont entiérement négligées, comme ſi elles ne valoient pas la peine qu'on y pensât, quoiqu'elles foient nombreuſes, grandes, fertiles, fituées dans un climat heureux, & en quelque forte la clef de la navigation aux Indes Occidentales. Je paſſe pluſieurs autres réflexions ſous ſilence, pour parler des autres pays que la France poſſéde dans le Continent, qui, s'ils étoient auſſi-bien cultivés, qu'ils ſont fertiles & étendus, feroient auſſi avantageux aux François que leurs Iles, & augmenteroient beaucoup la richeſſe & la puiſſance de ce royaume floriſſant.

CHAPITRE IV.

Amérique Françoiſe Septentrionale. Deſcription du Canada. Son climat. Foire de Mont-Réal. Quebeck. Habitans du Canada. Le fleuve de Saint-Laurent & les grands Lacs. Le Cap Breton.

LES François poſſédent dans l'Amérique Septentrionale un pays immenſe qui communique avec la mer par les embouchures de deux grandes rivieres, dont la navigation eſt extrêmement dangereuſe & difficile, & dont l'une eſt glacée pendant preſque la moitié de l'année, & couverte de brouillards épais une grande partie de l'autre. Ils divisent cette vaste contrée, laquelle est bornée à l'Est & au Nord-Est par nos Colonies; au Sud-Ouest & au Sud-Est par celles d'Espagne, & à l'Ouest par ce pays inconnu qui s'étend jusqu'à la mer du Sud en deux grandes provinces, dont celle qui est au Nord est appellée le Canada, & celle qui est au Midi la Louisiane. Je n'examinerai point ici les moyens qu'il convient d'employer pour fixer les bornes de ces contrées, dont l'étendue est presque aussi grande que celle de l'Europe, parce que ces fortes de questions veulent être décidées par d'autres moyens que ceux que je pourrois employer ici.

Le Canada qui confine avec nos provinces de la Nouvelle Ecosse, de la Nouvelle Angleterre & de la Nouvelle York, jouit à-peu-près du même climat; mais comme il est plus éloigné de la mer & plus avant dans le Nord qu'aucune de ces provinces, l'hyver y est beaucoup plus rude, quoique l'air y soit généralement serein. Le sol n'est pas le même partout, & est pour la plus grande partie stérile; mais les François ont des établissemens dans des cantons qui ne le cédent en rien à nos meilleures Colonies, & auxquels il ne manque que la facilité de pouvoir débiter les denrées qu'ils produifent. Le bled des Indes & le froment y croiffent prefque partout. On y trouve les mêmes herbes potageres qu'en Europe ; mais on n'y trouve aucune marchandife d'étape pour envoyer en France, à la réferve de celles que l'on tire des Indiens, & qui confifte en peaux de caftor & autres femblables pelleteries. Ces pelleteries jointes au bled & aux gros meubles que les François envoient dans les Indes Occidentales pour l'ufage d'un peuple qui n'eft ni faftueux ni nombreux, leur fourniffent tout ce qui eft néceffaire aux commodités de la vie.

La froideur du climat & le défaut des manufactures montrent les chofes que ce pays eft obligé de tirer d'Europe. Je mets de ce nombre le vin, l'eau-de-vie, les habits, les toiles & le fer travaillé. Le commerce des Indes confifte en eau-de-vie, tabac, couvertures, fufils, poudre, balles, chaudrons, hachettes & toutes fortes de quinquailleries. Les Indiens donnent en échange des pelleteries, & les François ont des voyageurs qu'ils appellent coureurs de bois, qui, de même que les habitans du pays, traverſant les lacs & les rivieres qui diviſent ce pays, dans des canots faits d'écorce d'arbre, avec une induſtrie & une patience incroyables, tranſportent leurs effets dans les contrées les plus reculées de l'Amérique, & chez des nations qui nous ſont entierement inconnues. Les Indiens s'habituant par-là à commercer avec eux, portent à leur tour à leur marché les marchandiſes dont ils veulent ſe défaire. Il ſe tient tous les ans, dans le mois de Juin, une foire à Mont-Réal où quantité de gens ſe rendent de toutes parts. Cette foire s'ouvre avec beaucoup de cérémonie ; on établit des corps-de-gardes, & le Gouverneur même s'y rend pour prévenir les déſordres qui pourroient ſurvenir parmi un ſi grand nombre de nations ſauvages. Voilà ſur quel pied eſt aujourd'hui le commerce. Quoique la plupart de ces nations traverſent, pour s'y rendre, notre établiſſement d'Albanie dans la Nouvelle York, où les denrées & les marchandiſes ſont à meilleur marché qu'à Mont-réal, elles aiment mieux faire deux cens milles de plus, & les acheter de la ſeconde main, quoiqu'elles ſoient plus cheres, à cauſe des frais qu'il en coûte pour les tranſporter à la foire. Les François, au contraire, aiment mieux les tirer de la Nouvelle York que de leurs Marchands, à cauſe du long trajet qu'il y a de l'embouchure du fleuve de Saint-Laurent juſqu'à Mont-Réal. Cela prouve que les François ont infiniment plus d'induſtrie & d'économie que nous, & entendent beaucoup mieux l'art de captiver l'affection des hommes, ce qui contrebalance les inconvéniens qu'ils éprouvent dans le pays qu'ils habitent. Notre Fort d'Oſwego étoit parfaitement bien ſitué pour aſſurer notre commerce avec les Indiens, & nous en attirer une grande partie ; mais aujourd'hui il ne ſçauroit plus interrompre celui des François.

Comme j'ai déjà parlé ci-deſſus de Mont-Réal, je me contenterai d'obſerver que cette ville eſt ſituée dans une Iſle du fleuve de Saint-Laurent, dans le pays des Iroquois. La riviere dans cet endroit n'eſt navigable que pour les canots ou les barques, à cauſe des cataractes qui ſe trouvent entre elle & Quebec ; ce qui n'empêche pas qu'elle ne ſoit conſidérable, tant à cauſe de la foire dont j'ai parlé, que du commerce qui s'y fait pendant toute l'année. Elle contient environ trois mille habitans.

Quebeck, la Capitale, est plus près de la mer de plusieurs lieues ; mais elle en est cependant éloignée de cent cinquante. La riviere qui, depuis la mer jusques dans cet endroit, a dix ou douze milles de largeur, se retrécit tout-à-coup, & n'a plus qu'environ un mille d'étendue. La ville est divisée en haute & basse. Elles sont toutes deux très-bien fortifiées & très-bien bâties. Il y a une fort belle Cathédrale, un Palais Episcopal & un magnifique College de Jésuites, trois Couvents d'hommes & trois de femmes. Elle est défendue par une belle Citadelle dans laquelle le Gouverneur fait sa résidence. Elle n'est pas fort considérable pour être la Capitale du Canada, ne contenant tout au plus que sept à huit mille habitans. Les plus gros vaisseaux y abordent sans peine, & il y a même un chantier où l'on en construit un grand nombre.

Depuis Quebeck jusqu'à Mont-Réal, ce qui fait un espace d'environ cent cinquante milles d'étendue, le pays qui est des deux côtés de la riviere, est extrêmement bien peuplé, & forme un coup d'œil très-agréable. On y voit quantité de fermes & de maisons de plaisance, mais ni villes ni villages. Il en est de même de nos Colonies de la Virginie & de Maryland, où les maîtres des plantations vivent séparés les uns des autres.

Malgré les soins que se donne la Cour de France pour peupler cette Colonie, & y faire fleurir le commerce, de même que dans toutes les autres qu'elle possede dans le Continent, elle n'a pu encore surmonter les difficultés qu'elle a eu à éprouver de la part du climat, avant que le pays fût habité, ni réparer les pertes qu'elle a souffertes de la part des Iroquois qui ont réduit plus d'une fois leur Colonie à l'extrémité, ni vaincre la difficulté de la navigation du fleuve de Saint-Laurent, ce qui a beaucoup retardé les progrès de la Colonie. De-là vient que quoique ce soit le plus ancien établissement que les François ayent dans l'Amérique, & qu'il soit même antérieur au nôtre dans la Nouvelle Angleterre, on n'y compte cependant pas plus de cent mille ames. D'autres n'y en comptent que quarante mille. Rien ne sçauroit être plus préjudiciable à nos

intérêts, que de trop compter fur nos
forces, de méprifer celles de nos ennemis, & d'agir en conféquence de ces
idées ; car n'euffent-ils que celles dont
je viens de parler, ils ne feroient pas
moins redoutables pour nos Colonies,
fi elles étoient bien ménagées. Les
François ont toujours fur pied fept à
huit mille hommes de troupes & de milice, endurcis à la fatigue & bien dif-
ciplinés, & toujours prêts à feconder
leurs troupes régulieres ; de forte que
rien ne peut retarder leurs opérations.
Que fi les Indiens font fi fort attachés
à leurs intérêts, ils en font bien moins
redevables à leurs intrigues & à leurs
menées, qu'aux fecours que ceux-ci en
attendent tant qu'ils reftent unis avec
eux, & qu'à la crainte qu'ils ont d'être
châtiés toutes les fois qu'ils ofent les
abandonner. Il n'en eft pas de même
de nous. Ce peuple fauvage nous atta-
que fouvent fans aucun fujet, & commet impunément les ravages les plus
horribles, & fait enfuite fa paix avec
nous, lorfqu'il ne fe fent pas le plus
fort. Il fçait que nous fommes toujours
difpofés à la lui accorder. Il promet de
l'obferver auffi longtemps que le foleil

& la lune subsisteront ; mais dans le temps qu'on s'y attend le moins, il se jette sur nos Colonies, les ravage d'un bout à l'autre, & fait de nouveau la paix, jusqu'à ce qu'il trouve l'occasion de la rompre comme la premiere fois.

Le fleuve de Saint-Laurent est le seul endroit où les François ayent des établissemens considérables ; mais si nous portons nos vues dans l'avenir, il y a tout lieu de croire que ce vaste pays, quels qu'en soient les possesseurs, sera un jour en état de faire un très-grand commerce sur ces grandes mers d'eau douce qu'il renferme. Il y a cinq Lacs, dont le plus petit est beaucoup plus vaste qu'aucun autre que l'on connoisse dans les autres parties du monde. C'est le lac Ontario qui n'a pas moins de deux cens lieues de circuit ; le Lac Erie qui a à-peu-près la même étendue, quoiqu'il soit moins large. Celui des Hurons est extrêmement large, & a pour le moins trois cens lieues de circuit, quoique, de même que le Lac Erie, il soit beaucoup plus long que large. Le Lac supérieur contient plusieurs grandes Isles, & a cinq cens lieues de circuit. Tous ces Lacs sont navigables pour tels vaisseaux que ce puisse être, & com-

muniquent les uns avec les autres, à l'exception du Lac Erie & du Lac Ontario,
dont la communication est interrompue
par la cataracte du Niagara, dont l'eau
se précipite de la hauteur de plus de
vingt-six brasses avec un bruit effroyable
ble qui se fait entendre à plusieurs milles
à la ronde. Le fleuve de Saint-Laurent
sert d'issue à ces Lacs; & ils vont se
décharger avec lui dans l'Océan. Les
François ont bâti des Forts dans les différens détroits par où ces Lacs commu-
niquent les uns avec les autres, de même que dans celui par où le dernier
communique avec le fleuve de Saint-
Laurent. Il se sont assurés par-là le commerce de ces Lacs, & tiennent en bride
toutes les nations limitrophes.

Les François ont encore dans la partie Septentrionale du pays qu'ils possédent dans l'Amérique, un établissement
qui, bien que petit, est peut-être infiniment plus important que les autres.
C'est l'Isle du Cap Breton, laquelle appartient proprement à la division de
l'Acadie, ou de la Nouvelle Ecosse, &
est la seule de ses parties qui n'ait point
été cédée à la Grande-Bretagne. Elle
a environ cent quarante milles de long;
elle est remplie de montagnes & de lacs,

& entrecoupée de quantité de criques & de baies qui se touchent presque les unes les autres ; de maniere qu'elle ressemble, tant par ses côtes que par l'intérieur du pays, à la plupart des contrées du Nord, par exemple, à l'Ecosse, à l'Islande, au Danemarck & à la Suede; ce qui n'empêche pas qu'elle ne soit fertile dans bien des endroits, & qu'il n'y ait dans d'autres quantité de bois propre à toutes sortes d'usages. On trouve dans l'intérieur du pays quantité de mines de charbon de terre, & sur ses côtes une des pêcheries les plus abondantes qu'il y ait au monde. Louisbourg est la seule ville qu'il y ait dans cette Isle, & son port est un des meilleurs de l'Amérique. Il a quatre lieues de circuit, & n'a qu'une seule entrée, laquelle est fort étroite. Les vaisseaux y mouillent à sept brasses d'eau. La ville est assez grande, bien bâtie & bien fortifiée. Le port est défendu par plusieurs batteries de canons & par des Forts qui ne le rendent peut-être que trop sûr. Il est ouvert toute l'année. Les vaisseaux François qui vont à Quebeck, trouvant rarement de quoi remplir leur cargaison, relâchent pour l'ordinaire à Louisbourg, & y chargent du poisson, du charbon , du bois qu'ils tranſportent dans les Iſles Françoiſes , & les échangent contre du ſucre. Perſonnne n'ignore qu'après avoir pris cette Iſle dans la derniere guerre , nous la rendîmes par le traité d'Aix-la-Chapelle , je veux dire dans un temps où nous n'étions point en état de preſcrire des conditions à notre ennemi.

CHAPITRE V.

La Louiſiane. Le Miſſiſſipi. L'Ohio. La Fontaine de Jouvence. Colonie de la Louiſiane.

LES François ont appellé la partie Méridionale de la vaſte contrée qu'ils poſſédent dans l'Amérique , Louiſiane. Elle faiſoit autrefois partie de la Floride. Elle eſt bornée au Midi par le golfe du Mexique , & il ſeroit à ſouhaiter que l'on fixât par un traité définitif les bornes qu'elle doit avoir à l'Eſt & à l'Oueſt. Ce pays vaut mieux à tous égards que le Canada. Situé dans un climat délicieux , la température de l'air , la bonté du terrein & la multitude de rivieres dont il eſt arroſé ,

& dont la plupart font navigables plufieurs centaines de mille bien avant dans
les terres, le mettent en état de produire toutes fortes de denrées. Les principales de ces rivieres font le Miſſiſſipi,
dont la fource eſt inconnue, mais qui
traverſe preſque toute l'Amérique Septentrionale, & inonde le pays dans certaines faiſons de l'année ; l'Ohio, qui
eſt preſque auſſi grand que le Danube,
& ſe jette dans le Miſſiſſipi ; l'Ouaba-
che qui ne lui eſt pas inférieur, l'Ali-
bama, la Mobile, &c. Le pays n'eſt
preſque qu'une plaine continue, couverte de bois & de riches pâturages. En
un mot, la Louiſiane, particuliérement
du côté du Nord, car elle eſt ſtérile
vers l'embouchure du Miſſiſſipi, eſt à
tous égards un pays délicieux, quoiqu'on n'y trouve point ces riches métaux qui donnerent lieu au fanatiſme
de 1720.

Ce pays a été de tout temps la fource
de quantité d'idées romaneſques. On
fit courir fur fon fujet des hiſtoires fur-
prenantes la premiere fois que les Eſpagnols découvrirent l'Amérique. Il
courut entr'autres choſes un bruit qu'il
y avoit une Fontaine dont l'eau renou-
velloit la jeuneſſe de ceux qui en bû-

voient. La chofe alla même fi loin, que Jean Ponce de Léon, qui tenoit un rang confidérable parmi les avanturiers Efpagnols, y ajouta foi, & fit une expédition particuliere pour découvrir cette fameufe fontaine de Jouvence. Il fut le premier Européen qui aborda dans la Floride. J'ignore quel fut le fuccès de fon voyage, mais il eft certain qu'il mourut au bout de quelque temps après l'avoir cherchée partout, & goûté de prefque toutes les eaux qu'il rencontra. Je ne fçache pas qu'on ait encore trouvé cette fontaine merveilleufe. Si jamais on la découvroit, il fe feroit une confommation prodigieufe de fon eau, tant dans le pays que chez l'étranger, & elle feroit un fonds bien plus folide pour les actions que les plus riches mines d'or & d'argent.

Cette idée, toute abfurde qu'elle eft, n'eft pas la feule qui ait eu cours dans le monde. La cupidité de s'enrichir par le commerce de cette contrée, devint chez une nation fort fage l'inftrument d'un de ces coups de maître en fait de politique, qui fauvent quelquefois les nations, abîment les particuliers, & renverfent de fond en comble, non-feulement la façon de penfer générale, mais encore les fortunes qui paroiſſent les mieux affermies. Le fameux ſyſtême du Miſſiſſipi fut de cette nature, & eut un fondement auſſi romaneſque. Il eſt connu de tout le monde, tant par l'effet qu'il a produit, que parce qu'il a donné lieu à une pareille manie en Angleterre, dont les ſuites n'ont peut-être pas été auſſi avantageuſes.

Les François tirent de la Louiſiane de l'indigo, du coton, du froment, du riz & du bois qu'ils tranſportent dans leurs Iſles ; mais la Colonie n'eſt pas fort vigoureuſe, à cauſe des baſſes & des bancs de ſable qui ſe trouvent à l'entrée du Miſſiſſipi, & qui empêchent les gros vaiſſeaux d'aborder. Cela fait que les habitans vivent dans la médiocrité ; mais la même cauſe qui les empêche de s'enrichir, contribue à leur ſûreté, n'étant pas aiſé de les attaquer de ce côté. Indépendamment de cet avantage, les François ont bâti pluſieurs Forts dans les endroits les plus importans, & fortifié la Nouvelle Orléans, qui eſt la Capitale & la ſeule ville de la Louiſiane, d'une façon très-réguliere. Cette ville n'eſt remarquable ni par ſa beauté, ni par ſa grandeur, ni par ſes richeſſes. Cependant, malgré ces déſavantages, la Colonie ne baiſſe point ; de ſorte que s'ils pouvoient rendre l'embouchure du Miſſiſſipi navigable, eh que ne ſurmonte-t-on point avec de l'ambition & de l'induſtrie ! s'ils pouvoient s'établir ſur l'Ohio qui, dans certain temps de l'année, déborde & devient navigable depuis ſa ſource juſqu'à l'embouchure du Miſſiſſipi, & donne paſſage aux plus gros vaiſſeaux, quoiqu'ils ayent de la peine à remonter, ſi, dis-je, par ce moyen, ou par tel autre que ce puiſſe être, ils pouvoient ouvrir une communication entre le Canada & la Louiſiane, & nous confiner entre nos montagnes & la mer, ce pays changeroit entiérement de face dans quelques années. Il fourniroit à leurs Colonies du bois de conſtruction, des mâts, des chevaux, des mulets & des vivres de toute eſpece. La France en tireroit du tabac ; ce qui donneroit lieu à un commerce qui enrichiroit le pays & les peuples qui l'habitent. Nous avons vu qu'en moins de quarante ans, les Colonies Françoiſes ſont devenues l'objet de la terreur de leurs voiſins ; & nous éprouvons encore aujourd'hui que celles du Nord de l'Amérique, même dans l'état actuel où elles ſe trouvent, ſont

en état de réſiſter à toutes nos forces
réunies, du moins de la maniere dont
nous les employons.

CHAPITRE VI.

Conduite des François par rapport à leurs Colonies.

Le progrès des Colonies Françoiſes
eſt bien moins l'ouvrage de la fortune
que l'effet des ſages meſures que la
France a priſes pour les faire fleurir.
Perſuadée que les Colonies ne valent
qu'autant qu'on s'intéreſſe à leur proſ-
périté, le Miniſtere en a commis le ſoin
à un Conſeil du commerce, dont l'u-
nique but eſt de répondre à l'objet de
ſon inſtitution. Il eſt compoſé de douze
principaux Officiers de la Couronne,
& des Députés des villes de commerce
que l'on choiſit parmi les négocians les
plus riches & les plus intelligens, à qui
l'on donne des honoraires ſuffiſans pour
pouvoir vivre à Paris avec décence. Ce
Conſeil ſe tient une fois la ſemaine. Les
Députés y propoſent ce qu'ils jugent
néceſſaire pour réformer les abus qui ſe
commettent, pour relever les branches

qui font tombées, pour en former de nouvelles, pour entretenir les vieilles, en un mot pour faire fleurir le commerce & les manufactures, fuivant leurs lumieres ou les inftructions qu'ils ont reçues des perfonnes qui les ont commis. Ils veillent attentivement fur tous les articles de commerce ; & non contens de propofer eux-mêmes ce qui leur paroît avantageux, ils écoutent les propofitions qu'on leur fait fans hauteur ni partialité, quand même elles viendroient des plus bas Artifans. Font-ils quelque reglement avantageux, ils le préfentent au Confeil où il eft toujours reçu avec des égards particuliers. On donne auffitôt un Edit pour en ordonner l'exécution avec une ponctualité qui diftingue ce Gouvernement, & qui feule peut faire valoir ce qu'on propofe d'avantageux pour l'état. C'eft à ce Confeil qu'eft confié le foin des Colonies Françoifes.

Le Gouvernement des différentes branches de leurs Colonies eft entre les mains d'un Gouverneur, d'un Intendant & d'un Confeil Royal. L'autorité du Gouverneur eft contrebalancée du côté de la Cour par un Intendant qui eft chargé de tout ce qui concerne les droits du Roi & la levée de ses revenus, & du côte du peuple par le Conseil dont l'emploi est d'empêcher qu'il ne soit ni opprimé par l'un, ni volé par l'autre, & tous les quatre sont contenus dans leur devoir par le Gouvernement dont la vigilance ne s'endort jamais. Car tous les Officiers des Ports sont obligés, sous des peines fort séveres, d'interroger tous les Capitaines de vaisseaux qui arrivent des Colonies sur la réception qu'on leur a faite, la justice qu'on leur a rendue, & les droits qu'on leur a fait payer. Ils interrogent aussi les passagers & les matelots sur tous ces différens articles, & dressent un procès-verbal qu'ils envoient à l'Amirauté. On écoute les plaintes ; mais il s'en faut beaucoup que l'on condamne un homme sur une simple accusation.

Pour que les Colonies ne soient point chargées, & empêcher que le Gouverneur ne suscite des intrigues, & ne favorise les partis dans son Gouvernement, la Cour se charge de lui payer ses honoraires. Il n'a aucun profit casuel, & il lui est étroitement défendu de faire aucun commerce, d'avoir aucune plantation dans les Isles ni dans le Continent, ni aucun intérêt sur les terres & les denrées qui font dans fon Gouvernement, à l'exception de la maifon qu'il habite & du jardin qui y eft attaché. C'eft auffi la Cour qui paye les Officiers tant civils que militaires, qui pourvoit à l'entretien des troupes, & qui a foin de faire bâtir & réparer les fortifications.

Les Colonies en général ne payent aucun impôt, ou fi l'on en leve dans quelque cas extraordinaire, ils font fort modérés. La Cour a même jugé à propos, pour hâter leurs progrès, d'en exempter ceux qui commencent une nouvelle plantation. Les droits qu'on leve fur les marchandifes qu'on envoie dans les Ifles & en France, ne vont tout au plus qu'à deux pour cent. Celles qu'ils reçoivent, n'en payent aucun.

Outre tous ces avantages, les Colonies qui font pauvres comme le Canada, ne profitent pas peu de l'argent que la France y envoie pour foutenir l'établiffement. Il paffe dans le Canada près de cent vingt mille écus par an, lefquels circulant dans le pays, empêchent le cours du papier qui eft toujours très-dangereux, mettent les habitans en état de maintenir le crédit qu'ils ont en

France, & qui de plus ne font point
perdus pour le Royaume, puifqu'ils y
retournent à la premiere occafion qu'on
a de les y envoyer de nouveau.

Les François ont dans toutes leurs
Ifles des Juges établis par l'Amirauté
pour terminer les procès qui furviennent
entre les marchands & qui ont le moindre rapport au commerce. Avant que
d'entrer en charge, on a foin de les examiner fur tout ce qui concerne les loix
de la marine, lefquelles ont été rédigées
avec tant de jugement & de fageffe,
que les procès font bientôt terminés.

Indépendamment de ces précautions,
dont le but eft d'affurer le bon Gouvernement de la Colonie & de faciliter fon
commerce avec le Royaume d'une maniere qui foit également avantageufe à
tous deux, on n'a rien négligé pour
peupler le pays le mieux qu'il eft poffible. Pour cet effet, on oblige tous les
vaiffeaux qui fortent de France pour
fe rendre dans l'Amérique, de prendre
à bord un certain nombre de domeftiques, lefquels s'engagent pour un certain temps. Les vaiffeaux du port de
foixante tonneaux & au-deffous, en
prennent trois, ceux depuis foixante
jufqu'à cent, quatre, ceux depuis cent

& au deſſus, ſix. On choiſit des ſujets ſains & robuſtes depuis l'âge de dix-huit ans juſques à celui de quarante. Les Officiers de l'Amirauté les examinent avant leur départ, pour voir s'ils ſont tels que la loi le preſcrit, & l'on fait la même choſe après qu'ils ſont arrivés dans l'Amérique. Leur ſervice eſt de trois ans. Les habitans des Colonies aiment mieux ſe ſervir de negres, parce qu'ils ſont plus obéiſſans, plus endurcis au travail, plus aiſés à nourrir, & que d'ailleurs ils leur appartiennent entiérement. Comme une pareille conduite pourroit nuire dans la ſuite du temps à la ſûreté de la Colonie & aux intérêts du Royaume dont elle dépend, on oblige les propriétaires à avoir toujours un nombre de domeſtiques blancs, proportionné à celui des noirs; & qui plus eſt, il y a un Commiſſaire prépoſé pour fixer le ſalaire de ces domeſtiques, & obliger les habitans à en prendre le nombre preſcrit par l'Ordonnance, ſans quoi ils deviendroient à charge aux Capitaines qui les ont amenés.

On regarde un homme qui va s'établir dans l'Amérique, comme un enfant perdu qui hazarde ſa vie, qui ſubit une eſpece d'exil, & qui travaille pour le bien de sa patrie ; & de là vient qu'on a beaucoup d'indulgence pour lui. Les ouragans, les tremblemens de terre, l'intempérie des saisons lui causent-ils quelque dommage ? on arrête les pour-suites de ses créanciers, on l'exempte d'impôt, & même on lui avance de l'argent pour le mettre en état de ré-parer les pertes qu'il a faites. On prête à ceux qui sont pauvres, & qui ont bonne volonté de travailler, l'argent & les ustensiles dont ils ont besoin pour s'établir, & ils acquitent peu à peu les sommes qu'on leur a avancées. D'un autre côté, comme les dettes fraudu-leuses ne font pas moins nuisibles à l'ha-bitant qu'au marchand François, on oblige ceux qui ont contracté des det-tes en France à les acquiter. On envoie un état de ses dettes à l'Amérique avec les pieces qui les justifient, & la Sen-tence obtenue, on exécute ses biens de quelque espece qu'ils puissent être. On a soin cependant, en forçant le débi-teur à payer, de ne point le mettre hors d'état de travailler, ce qui prive-roit la Communauté d'un sujet utile & laborieux. On regle le payement sur la faculté du débiteur, de maniere qu'on ne sacrifie jamais une partie à l'autre, ce qui est une conduite qu'on devroit observer dans tous les Etats bien réglés. Tous deux subsistent ; le créancier est payé, le débiteur n'est point ruiné, & les Colonies conservent leur crédit.

Quant aux negres, on ne les laisse point, comme chez nous, à la merci de leurs maîtres. Ceux-ci sont obligés de les faire instruire de la Religion. On a soin de garantir les esclaves de leur cruauté, & de prévenir les mauvais effets qui pourroient résulter d'une indulgence incompatible avec leur état. En un mot, le Code noir & les autres Ordonnances relatives à ces pauvres créatures, montrent un mélange sensé & judicieux d'humanité & de fermeté. Il y a cependant une erreur dans laquelle les François & nous tombons également, c'est de faire travailler ces malheureux plus que la nature du climat & leur tempéramment ne le permettent.

Si je me suis arrêté si long temps au Gouvernement des Colonies Françoises, c'est parce qu'il est juste de faire honneur à ceux qui, par des réglemens sages & efficaces, travaillent à faciliter le commerce des hommes, à peupler la terre, & à procurer l'avantage de leur patrie. J'ai cru d'ailleurs qu'un pareil exemple pourroit exciter notre émulation, & nous tirer de la léthargie dans laquelle nous paroiſſons être tombés. La guerre que nous faiſons actuellement, a pour objet nos Colonies, & prouve que nous ſommes enfin parvenus à connoître leur prix. Mais, ſi nous n'agiſſons pas avec plus de ſuccès que nous ne l'avons fait juſqu'à préſent, la paix prochaine reſſerrera vraiſemblablement le champ que nous nous propoſions d'ouvrir à notre induſtrie dans l'Amérique. Dans ce cas, nous devons cultiver ce qui nous reſte avec dix fois plus d'activité, & garder avec toute la vigilance poſſible la ſource cachée dont nous nous ſommes réſervés l'eau, pour la conduire de la maniere qui nous eſt la plus avantageuſe. Nous avons, je penſe, reconnu la plupart de nos erreurs, & les avantages que notre ennemi a tirés de notre ſtupidité & de la ſageſſe de ſes Conſeils. C'eſt à nous à devenir plus actifs, & à nous conduire avec la même ſageſſe. Que ne combattons-nous Alexandre, plutôt que de nous amuſer à le railler? Depuis quelques années, rien n'a plus contribué à nous avilir aux yeux des étrangers, &

à nous inspirer des sentimens bas & mé-
prisables, que la manie que nous avons
eue de nous déchaîner contre la France
dans nos écrits périodiques, & de la
tourner en ridicule. Rien n'est si capable d'abâtardir un peuple, que de se
permettre une pareille licence. Un homme qui aime son pays, qui estime son
ennemi, & qui est en même temps en
état de lui tenir tête, ne pourroit s'empêcher de faire avec moi le raisonne-
ment suivant. Il y a plus d'un siecle que
nous disputons avec la France à qui
l'emportera pour la supériorité dans les
armes, la politique, les sciences & le
commerce, & jamais ce combat n'a été
plus douteux. Si la guerre nous est favorable, nos succès n'aboutiront à rien,
si nous ne les ménageons avec prudence. Si nous échouons, ce qu'à Dieu ne
plaise, nous pourrons faire en sorte par
notre prudence que nos malheurs nous
soient plus avantageux que ne l'auroient
été nos succès, & cela sera, s'ils nous
apprennent à corriger nos fautes, à être
plus vigilans, & à profiter de nos avantages avec plus de soin & de discerne-
ment. Ce sera par là, plutôt que par
l'opinion que nous avons de notre en-

nemi, que nous pourrons décider la dispute qui regne depuis si long-temps entre nous.

CHAPITRE VII.

COLONIES HOLLANDOISES.

Curassou & son commerce. Contrebande dans les Colonies Espagnoles. Compagnie Danoise. Isle de Sainte-Croix. Caractere des différentes nations de l'Europe relativement à l'Amérique.

APRES que les Portugais eurent chassé les Hollandois du Bresil, de la maniere qu'on l'a dit ci-dessus, & que le Traité de Nimegue les eut dépossédés des pays qu'ils avoient dans l'Amérique Septentrionale, ils furent obligés de se borner à ce qu'ils possédoient dans les Indes Orientales, & de se contenter de Surinam, pays situé au Nord-Ouest de l'Amérique Méridionale, qui nous rapportoit fort peu lorsque nous l'avions, & que nous échangeames avec eux pour la Nouvelle York, & deux ou trois petites Isles incultes situées dans la mer du Nord à peu de diſtance de l'Amérique Eſpagnole. Il s'en faut beaucoup qu'ils négligent la premiere de ces Colonies. Ils tirent de Surinam du ſucre, du coton, du caffé excellent & quelques drogues pour la teinture. Ils commercent avec nos Colonies du Nord de l'Amérique, leſquelles y portent des chevaux, des beſtiaux, des proviſions, & en rapportent quantité de * melaſſe; mais leurs negres ne ſont que le rebut de ceux dont ils ſont trafic avec les Eſpagnols, & les Indiens qui habitent dans le voiſinage, ſont leurs ennemis déclarés. Ils ont encore trois autres établiſſemens dans le Continent, Boron, Berbice & Approwack, qui, bien que peu conſidérables, produiſent les mêmes denrées que Surinam.

* On appelle ainſi la lie du ſucre.

Les Iſles qui leur appartiennent, ſont Curaſſou, Saint-Euſtache, Aruba & Bonaire. Ces Iſles ne ſont ni grandes ni fertiles; mais ils ſçavent en tirer parti par un effet de cette induſtrie qui les diſtingue parmi les autres nations de l'Europe. Curaccao, ou Curaſſou, comme on l'appelle communément, a environ trente milles de long ſur dix de large. Quoiqu'elle ſoit naturellement ſtérile, elle ne laiſſe pas que de produire quantité de fucre & de tabac; indépendamment du fel qu'elle fournit à nos Ifles & aux Colonies que nous avons dans le Continent. Mais ce qui rend cette Ifle parfaitement recommandable, eft le commerce qu'elle fait en temps de guerre avec les Anglois & les François, & la contrebande qu'elle fait en tout temps chez les Efpagnols.

Les vaiffeaux Hollandois qui partent d'Europe, touchent à cette Ifle pour prendre langue, ou fe fournir de pilotes, après quoi ils continuent leur route pour la côte Efpagnole, & y font leur commerce à force ouverte. Il eft très-difficile aux gardes-côtes Efpagnols de s'emparer de ces vaiffeaux; car outre qu'ils font très-forts & bien armés, ils ont la fage précaution de les équiper d'hommes choifis qui font intéreffés à la confervation du vaiffeau & à la réuffite du voyage. Chacun d'eux a une part à la cargaifon, proportionnée à fes facultés, que les marchands lui fourniffent à crédit, moyennant une prime. Cela anime leur courage, & ils combattent avec d'autant-plus d'ardeur, que chacun défend fon propre bien. Mais indépendamment de cela, cette Ifle entretient un commerce continuel avec le Continent Efpagnol.

Les magafins de Curaſſou ſont ſans ceſſe remplis de marchandiſes d'Europe & des Indes Orientales. On y trouve toutes ſortes d'étoffes de laine & de fil, des dentelles, des étoffes de ſoie, des rubans, des uſtenſiles de fer, des munitions pour les vaiſſeaux & les troupes de terre, de l'eau-de-vie, des épiceries des Molucques, & des étoffes de coton des Indes, blanches & peintes. Leur Compagnie des Indes Orientales, qui eſt la même que celle d'Afrique, y apporte tous les ans trois ou quatre cargaiſons de negres. Les Eſpagnols s'y rendent avec de petits vaiſſeaux, & enlevent non-ſeulement leurs meilleurs negres, & à bon prix, mais encore quantité des marchandiſes dont je viens de parler, ſans en excepter le rebut d'Europe, lequel trouve encore du débit dans les Indes, pour cela ſeul qu'il vient de cette contrée. Les Eſpagnols y laiſſent leur or & leur argent en barre ou monnoyé, leur cacao, leur vanille, leur cochenille, leur quinquina, leurs cuirs, &c. Les vaiſſeaux qui vont en droiture de Hollande dans les Indes Eſpagnoles, y touchent pour y prendre des rafraîchiſſemens, & complettent à leur retour leur cargaiſon en ſucre, ta-

bac, gingembre & autres productions
de l'Isle. On prétend que ce commerce,
même en temps de paix, rapporte tous
les ans aux Hollandois cinq cens mille
livres sterlings ; mais il est beaucoup
plus considérable en temps de guerre,
parce que cette Isle devient alors comme
l'entrepôt des Indes Orientales, sert de
retraite aux vaisseaux de toutes les nations, & ne leur refuse ni les armes
ni les munitions dont elles ont besoin
pour se détruire les unes les autres. Le
commerce avec l'Espagne étant inter-
rompu, les Colonies Espagnoles sont
obligées de tirer de là leurs marchandises & leurs esclaves ; les François
viennent y acheter du bœuf, du porc,
du froment, de la farine & du bois que
les Anglois y transportent du Continent de l'Amérique Septentrionale, ou
d'Irlande ; de sorte que ce commerce
est toujours florissant, tant en temps de
paix, qu'en temps de guerre. On n'en
est redevable à aucun avantage naturel,
mais à la patience & à l'industrie avec
lesquelles les Hollandois surmontent les
obstacles que la nature leur oppose tant
en Europe qu'à l'Amérique. Car outre que cette Isle est stérile & sujette
aux sécheresses, son Port est un des plus

mauvais de l'Amérique ; mais les Hollandois ont entiérement remédié à ce défaut. Ils ont bâti fur ce port une des plus belles villes qu'il y ait dans les Ifles de l'Amérique. Les édifices publics y font très-beaux & très-nombreux ; les maifons des particuliers commodes, & les magafins magnifiques & parfaitement bien fitués. Tout s'y fait par des machines dont quelques-unes font fi ingénieufement faites, que l'on met tout à la fois les vaiffeaux fur le chantier pour le carener, & qu'on les charge de toutes les chofes néceffaires, tant pour le commerce que pour la courfe.

Saint - Euftache n'eft proprement qu'une montagne d'environ vingt milles de circuit. C'eft une des Ifles Antilles ; mais malgré fa petiteffe, & les obftacles que la nature oppofe à fa cultivation, les Hollandois n'ont pas laiffé d'en tirer un très-bon parti, & elle eft aujourd'hui extrêmement peuplée. Les habitations font bâties fur le penchant de la montagne ; & quoiqu'il n'y ait ni fources ni rivieres, on a trouvé le fecret d'avoir autant d'eau que l'on veut, au moyen des citernes & des réfervoirs qu'on a conftruits. On y cul-

C v

tive le fucre & le tabac. Cette Ifle, de même que Caraffou, fait la contrebande avec les Efpagnols, quoiqu'elle foit moins avantageufement fituée, & retire les mêmes avantages qu'elle de fa conf-tante neutralité.

Aruba & Bonaire font près de Ca-raffou, & ne font pas un commerce bien confidérable. Elles fourniffent des provifions à celles-ci, & des rafraîchif-femens aux vaiffeaux qui fréquentent ces mers.

Le commerce des Colonies Danoifes dans l'Amérique, appartenoit ancien-nement à la Compagnie des Indes Occi-dentales ; mais aujourd'hui il eft permis à tous les vaiffeaux de le faire, moyen-nant deux & demi pour cent. La Com-pagnie s'eft réfervée celui qui fe fait en-tre l'Afrique & les Ifles de l'Améri-que.

Les Danois ont auffi une Compagnie des Indes Occidentales, dont le com-merce n'eft pas fort étendu. Il eft borné à l'Ifle de Saint-Thomas, & à un petit nombre des Ifles Caribes. Ils ont ajouté depuis peu à leurs poffeffions celle de Sainte-Croix. Ces Ifles ont rapporté très-peu de chofe, tant qu'elles ont ap-partenu à la Compagnie ; mais le préfent Roi de Danemarck, qui ne le céde à aucun Prince de l'Europe par la fageffe de fon gouvernement, les a achetées de la Compagnie, & a permis à tous fes fujets d'y commercer. Depuis lors, la Colonie de Saint-Thomas a confidérablement augmenté. Elle rapporte aujourd'hui plus de trois mille barriques de fucre de douze cens livres pefant ; & la plupart des autres denrées qui croiffent dans l'Amérique. L'Ifle de Sainte-Croix, qui n'étoit qu'un défert il y a quelques années, a pris une nouvelle face. Plufieurs Anglois fort riches ont été s'y établir, & y ont trouvé toutes fortes d'encouragemens. L'air y eft très-mal fain ; mais il y a lieu de croire qu'il s'améliorera dès qu'on aura coupé les bois dont l'Ifle eft prefque couverte d'un bout à l'autre. Les Hollandois & les Danois méritent à peine d'être mis au nombre des propriétaires de l'Amérique, vu le peu d'étendue de leurs poffeffions. Cependant, fi ces Puiffances les jugent dignes de leur attention, & fi la portion des Hollandois leur rapporte fix cens mille livres fterlings par an, quel cas ne devons-nous pas faire des nôtres ? Quelles attentions ne méritent-elles point ? Quel

parti ne fommes-nous pas en état d'en
tirer ?

Il me paroît y avoir une providence
admirable dans la diftribution des lots
qui ont été affignés aux différentes nations Européennes qui figurent fur le
grand théâtre de l'Amérique. Les Efpagnols orgueilleux , indolens & oftentatifs , ont un ample champ pour donner carriere à leur honneur ; un climat
tempéré qui favorife l'amour qu'ils ont
pour le repos ; quantité d'or & d'argent
pour fatisfaire le luxe que leur orgueil
leur infpire , mais que leur pareffe leur
refufe.

Les Portugais , naturellement indigens chez eux , & entreprenans plutôt
qu'induftrieux chez l'étranger , ont de
l'or & des diamans comme les Efpagnols, & en ont autant de befoin qu'eux,
mais ils fçavent en faire un meilleur
ufage , quoiqu'avec moins d'oftenta-
tion.

Les Anglois, dont le caractere eft de
réfléchir beaucoup, froids, penfifs &
plus actifs qu'induftrieux , ennemis des
travaux inutiles & de tout ce qui fent
la contrainte, & naturellement enclins
à la vie champêtre, ont un pays qui,
à la vérité, ne produit ni or ni argent ,

mais fort propre à l'agriculture, & fuffifant pour fournir à leur commerce,
fans exiger beaucoup de peines. Ennemis de la gêne, quand même elle devroit tourner à leur avantage, leur
commerce fleurit par la liberté que chacun a de le faire à fa guife, & de vivre
comme bon lui femble.

Les François actifs, vifs, entreprenans, fouples, politiques, inconftans
& legers, mais ne perdant jamais de vue
l'objet qui les occupe, ne laiffent pas
que d'obéir aux loix qui brident leur
tempéramment, & leur font prendre
les voies qui leur font les plus avantageufes. Ils poffédent un pays où l'on
gagne infiniment plus à fçavoir ménager les peuples, qu'à cultiver la terre;
où le métier de colporteur, qui gît tout
dans l'action, rapporte infiniment plus
que l'agriculture ou un commerce régu-
lier; où les difficultés aiguifent leur induftrie, & où leur obéiffance au gouvernement leur tient lieu de fageffe per-
fonnelle. Tout ce qui fe fait dans leurs
Ifles, eft l'ouvrage de leur politique
& l'effet des mefures que le Gouvernement a prifes.

Les Hollandois poffédent un ou deux
rochers, fur lefquels ils déploient les

miracles de leur activité & de leur frugalité, qui font leurs deux vertus fa-
vorites, & où ils ont occasion de les
exercer d'une maniere qui tient du pro-
dige.

Fin de la cinquieme Partie.

HISTOIRE

DES
COLONIES EUROPÉENNES
DANS L'AMÉRIQUE.

SIXIEME PARTIE.

COLONIES ANGLOISES.

CHAPITRE I.

Division des Indes Occidentales Angloi-
ses. Description de la Jamaïque. Con-
quête de cette Isle.

L E S Colonies que nous avons dans
l'Amérique, méritent d'autant plus notre attention, qu'indépendamment de
la variété des climats, des situations,
des productions de la nature & de l'art,

elles font peuplées par une multitude
infinie d'habitans, qui, quoique fujets
à un même Souverain, & membres
d'une même nation, ne fe reffemblent
en rien par leurs mœurs, leurs religions & leurs façons de vivre. Elles
entretiennent un commerce floriffant
avec l'Angleterre & avec plufieurs nations étrangeres ; car outre celui qu'elles ont avec l'Afrique, leurs vaiffeaux
vont dans tous les Ports d'Efpagne, du
Portugal, d'Italie & du Levant, &
même dans ceux des Colonies que
la France, l'Efpagne, le Portugal &
la Hollande poffédent dans l'Amérique.
Cela joint à la correfpondance conti-
nuelle qu'elles ont entre-lles & avec
l'Angleterre, entretient une circulation
de commerce, dont la Grande-Bretagne
eft comme le cœur & la fource, d'où
il prend fon origine, & où il retourne
après une infinité de tours & de détours.

Nous avons vu ce qu'a produit dans
quelques Colonies Européennes, une
ambition démefurée, foutenue par des
actions de courage romanefque & une
foif infatiable de l'or. On a vu ce qu'a
produit dans d'autres une police fyfté-
matique qui dirige & modere une in-

duſtrie active. Les nôtres ſont l'ouvrage de la liberté dont nous jouiſſons, d'un peuple guidé par ſon propre génie, & qui ne ſuit que les impulſions de ſon tempéramment.

Je me propoſe de conſidérer les Colonies Angloiſes ſous deux principales diviſions. La premiere comprend les Iſles ſituées ſous la Zone Torride, entre le Tropique du Cancer & la ligne Equinoxiale, dans cette partie qu'on appelle communément les Indes Occidentales. La ſeconde comprendra les poſſeſſions que nous avons ſous la Zone Tempérée, dans le Continent de l'Amérique Septentrionale. Je conſidérerai les Iſles de l'Amérique, ſelon qu'elles ſont parmi les grandes Antilles, au-deſſus, ou au-deſſous du vent. Nous poſſédons parmi les premieres la grande & belle Iſle de la Jamaïque ; parmi les ſecondes, les Barbades, & parmi les troiſiemes, Saint-Chriſtophe, Antegua, Nevis, Montſerrat & Barbuda. Comme toutes ces Iſles ſont ſituées entre les Tropiques, je comprendrai ſous un ſeul & même article ce que j'ai à dire de l'air, des vents, des météores & de leurs productions naturelles, vu qu'elles ſont à-peu-près les mêmes dans toutes. Com-

me il en eſt de même des marchandiſes qu'on exporte chez l'étranger, je
parlerai en général de leurs manufactures, après que j'aurai donné une deſcription abrégée de chacune en particulier.

La Jamaïque eſt ſituée entre le 75e. &
le 79e. degrés de longitude Occidentale
de Londres, & entre le 17e. & le 19e. degrés de latitude. Sa longueur de l'Eſt à
l'Oueſt eſt de cent quarante milies d'Angleterre, & ſa largeur d'environ ſoixante. Elle eſt de figure ovale. Elle eſt
partagée par une chaîne de montagnes
hautes & eſcarpées, qu'on appelle les
montagnes bleues; de chaque côté de
laquelle ſont d'autres montagnes qui
vont en diminuant. Les premieres ne
ſont que des rochers, & le peu de terre
qui s'y trouve, eſt ſi argilleuſe & ſi té-
nace, qu'on ne ſçauroit la cultiver. Les
montagnes ſont très-eſcarpées, & les
rochers amoncelés les uns ſur les autres
d'une façon prodigieuſe, ce qui eſt l'effet des fréquens tremblemens de terre
auxquels cette Iſle a été ſujette de tout
temps. Malgré la ſtérilité de ces montagnes, elles ſont couvertes juſqu'au
ſommet d'une quantité prodigieuſe d'arbres de différente eſpece, dont la ver-

dure forme un printemps continuel. Leurs racines pénétrent dans les fentes des rochers, pour y chercher l'humidité qu'y laissent les pluies qui y tombent fréquemment, & les brouillards dont elles sont presque toujours couvertes. Il sort de ces rochers une infinité de petits ruisseaux, lesquels tombant en forme de cascades, forment parmi ces rochers & ces précipices, & la verdure des arbres dont ils sont couverts, un des plus beaux spectacles qu'il soit possible d'imaginer. L'aspect de ce pays est entiérement différent de ce qu'on observe généralement dans les autres. Car d'un côté sont des montagnes hautes & escarpées, & de l'autre des plaines parfaitement de niveau. Le terrein de ces plaines, engraissé par les lavures qui se sont détachées des montagnes pendant plusieurs siecles, est extrêmement fertile. Il n'y a aucune de nos Isles qui produise d'aussi beau sucre. Elle produisoit autrefois du cacao, parce que cet arbre se plaît dans les terres grasses. Les pâturages, après qu'il a plu, sont extrêmement gras, & d'une verdure admirable. On les appelle *Savannas*. En un mot, si cette Isle n'étoit pas aussi sujette qu'elle l'est aux tonnerres &

aux éclairs , aux ouragans & aux tremblemens de terre ; si l'air n'étoit pas
si chaud , si humide , ni si mal sain
dans quelques endroits , on recherche-
roit autant ce pays pour le plaisir , à
cause de sa fertilité & de sa beauté ,
qu'on le recherche pour les profits qu'on
y trouve , lesquels , malgré tous ces dé-
savantages , y attirent quantité de gens
de toutes parts.

L'eau des rivieres est en général mal
saine , & qui plus est , a un goût de
cuivre. Celle de fontaine est beaucoup
meilleure. On trouve dans les plaines
plusieurs sources d'eau salée , & dans
les montagnes , à quelque distance de
Saint-Jacques , un bain chaud , dont
les vertus sont admirables. Il est surtout efficace pour la colique seche , une
des maladies les plus terribles qui affli-
gent la Jamaïque , & pour plusieurs
autres maux.

Cette Isle tomba entre nos mains durant l'usurpation de Cromwel , par le
moyen d'une flote qui étoit destinée
pour une autre expédition. Cet homme , malgré les talens supérieurs qui
le mirent à même de renverser le gouvernement , & de fouler aux pieds la
liberté de sa patrie , ne connoissoit point

aſſez la politique des Cours étrangeres. Son ignorance à cet égard fut cauſe qu'il s'unit étroitement avec la France qui commençoit à s'élever, & qu'il combattit avec animoſité l'ombre de puiſſance qui reſtoit à l'Eſpagne. Dans cette idée, il équipa une flote formidable, dans le deſſein de conquérir l'Iſle d'Hiſpaniola ; il y échoua ; mais la Jamaïque le dédommagea non-ſeulement de cette perte, mais répara encore la mauvaiſe politique qu'il avoit eue de déclarer la guerre aux Eſpagnols, laquelle cependant ajouta cet excellent pays aux Domaines de la Grande-Bretagne.

On ne reconnoît rien du génie de Cromwell dans le plan de cette expédition. Tout ne fut du commencement juſqu'à la fin, qu'un enchaînement de fauſſes meſures & d'intérêts mal ménagés qui ne ſe reſſentoient en rien de l'autorité de celui qui l'avoit projettée. La flotte étoit mal avitaillée, nul encouragement pour des troupes qu'on avoit mal choiſies, & encore plus mal armées. Elles s'embarquerent très-mécontentes. Les Généraux l'étoient auſſi, & n'avoient pas de meilleures eſpérances que les ſoldats. Mais les Généraux,

car ils étoient deux, Pen & Venables,
l'un pour le service de mer, & l'autre
pour celui de terre, n'étoient pas des
gens fort distingués par leurs talens ; &
s'ils en avoient eu davantage, les choses n'en auroient pas mieux été, sous
deux Généraux indépendans qui avoient
des vues différentes, & qui étoient aussi
envieux l'un de l'autre que le sont ordinairement les Officiers de terre de
ceux de mer. Pour rendre cet arrangement plus parfait à tous égards, & assurer les avantages qui résultent d'un
commandement partagé, on ajouta un
nombre de Commissaires pour les bri-
der. Ce Généralat ainsi divisé en trois
parties, dans le goût des Hollandois,
produisit l'effet qu'on avoit lieu d'en
attendre. Les soldats n'étoient point
d'accord avec les Généraux, ni les Généraux entr'eux, & les uns ni les autres
ne l'étoient avec les Commissaires.
L'endroit du débarquement fut mal
choisi, & celui-ci encore plus mal exécuté. L'armée avoit quarante milles de
marche à faire, avant que de pouvoir
agir ; & les soldats, sans ordre, sans
cœur, épuisés par la chaleur excessive
du climat, & par le défaut de subsistance, & qui plus est, découragés par

la lâcheté & la méfintelligence de leurs Officiers, céderent fans peine la victoire aux Efpagnols, & fe retirerent honteufement, après avoir fait une perte confidérable. Les principaux Commandans, que leur mauvaife fortune avoit un peu réconciliés, craignant de retourner en Angleterre, fans avoir rien fait, tournerent avec affez de prudence leurs vues d'un autre côté. Ils réfolurent d'attaquer la Jamaïque avant que les habitans euffent eu avis de leur défaite à Hifpaniola, ce qui n'eût pas manqué de les encourager. Ils fçavoient que cette Ifle étoit mal défendue, ils tâcherent d'éviter les fautes qu'ils avoient commifes dans la derniere expédition, & qui leur avoient été fi funeftes ; ils punirent féverement les Officiers qui s'étoient mal comportés ; & ordonnerent, qu'au cas que quelque foldat voulût s'enfuir, on le tuât fans miféricorde.

Ces réglemens faits, ils débarquerent à la Jamaïque, & affiégerent San-Jago de la Vega, qu'on appelle aujourd'hui *Spanish-Town*, la Capitale de l'Ifle. Les habitans qui étoient hors d'état de réfifter à une armée de dix mille hommes, & à une Flote nombreufe, fe feroient rendus fur le champ, s'ils n'avoient été encouragés par les délais étranges de nos Généraux & de leurs Commiſſaires. Ils ſe rendirent à la fin, après avoir tranſporté ce qu'ils avoient de plus précieux dans les montagnes.

CHAPITRE II.

Etabliſſement de la Jamaïque. Diſette de Cacao. Les Boucaniers. Etat floriſſant de cette Iſle. Son déclin à quelques égards.

APRES la Reſtauration, les Eſpagnols céderent cette Iſle à notre Cour. Cromwel y avoit laiſſé quelques-unes des troupes qu'on avoit employées à la conquérir ; quelques royaliſtes mécontens furent y chercher un aſyle, & pluſieurs habitans des Barbades s'y tranſporterent, attirés par la fertilité extraordinaire du pays, & par d'autres avantages qu'on leur fit. Ces derniers enſeignerent aux habitans la maniere de cultiver le ſucre & de le faire ; car avant eux, ils ſe contentoient de cultiver le cacao, à l'exemple des Eſpagnols qui y avoient été auparavant. Ce fut un bonheur pour

eux

eux de le faire ; car les bois de cacao, que les Espagnols avoient plantés, commencerent à décheoir, & les nouvelles plantations ne réussirent point, faute, comme les négres l'avoient prédit, de quelques cérémonies religieuses en usage chez les Espagnols, auxquelles il étoit défendu aux esclaves d'assister, & auxquelles ils attribuoient la prospérité de ces plantations. Il y a tout lieu de croire qu'on employoit dans ce temps-là quelques méthodes nécessaires pour la réussite de cette plante, que l'on couvroit du voile de ces cérémonies religieuses. Quoiqu'il en soit, le cacao qu'on y a planté, n'a jamais égalé celui des Espagnols ; mais à son défaut, on a cultivé l'indigo & le sucre qui valent infiniment mieux.

Mais ce qui anima le plus ce nouvel établissement, & l'éleva tout-à-coup au comble de l'opulence, fut, qu'il servit d'asyle aux pirates appellés Boucaniers. Ces gens, qui le battoient en vrais désespérés, & qui dépensoient leur argent avec la derniere extravagance, étoient très-bien reçus à la Jamaïque. Ils apportoient souvent deux, trois, quatre cens piastres à la fois qu'ils dépensoient en vin, en jeu & en fem-

mes. Les fortunes y étoient rapides, &
il rentroit des sommes prodigieuses en
Angleterre. On avoit amassé de si grands
fonds dans l'Isle, par le moyen dont je
viens de parler, qu'après que la source
de ces richesses eut été tarie par la sup-
pression de ces pirates, les habitans se
trouverent en état de faire valoir leur
industrie d'une maniere plus avantageuse. Ils s'accrurent si prodigieuse-
ment, qu'au commencement de ce siecle,
on comptoit dans l'Isle soixante
mille blancs & cent vingt mille négres.
Ce nombre est certainement exagéré.
Il faut pourtant convenir que la Jamaïque étoit extrêmement peuplée, avant
que les tremblemens de terre, dont un
détruisit entiérement Port-Royal, & fit
périr un nombre prodigieux d'habitans,
& les maladies épidémiques, qui en furent la suite, eussent désolé cette Isle.
De pareilles pertes ne sont pas aisées à
réparer. Aujourd'hui, le nombre des
blancs n'excéde pas vingt mille ames,
& celui des noirs quatre-vingt-dix mille,
ce qui est un nombre fort inférieur &
disproportionné, sur-tout du côté des
blancs. Il s'ensuivroit de là que la Jamaïque est à présent sur son déclin, ce
qui mérite une attention toute particu-

liere de notre part. Un pays qui contient au moins quatre millions d'acres, qui a un fol fertile, une côte étendue, & plufieurs bons ports; lors, dis-je, qu'une pareille Ifle, dans un temps où fes denrées augmentent de prix, diminue d'habitans, & n'a que trois à quatre cens mille acres de cultivées, c'eft une preuve que fes affaires font mal gérées; & ce qui le prouve encore plus clairement, eft que le terrein eft fi cher dans quelques autres Ifles, que l'acre s'y vend quelquefois cent livres fterlings, ce qui ne feroit certainement pas, fi l'on trouvoit à acheter des terres à la Jamaïque, & qu'on encourageât ceux qui vont s'y établir. J'ignore fi l'on doit en attribuer la faute au gouvernement ou aux particuliers; mais de quelque part qu'elle vienne, c'eft à ceux qui ont le pouvoir en main d'y appliquer un remede prompt & efficace.

CHAPITRE III.

*Productions de la Jamaïque. Piment, Su-
cre, Rum, Melasse, Coton, Gingembre, Commerce du bois de Campêche.
Disputes à ce sujet. Commerce des Négres.*

LES productions naturelles de la Jamaïque, indépendamment du sucre, du
cacao & du gingembre, sont le piment,
ou le poivre de la Jamaïque. L'arbre
qui le produit, a plus de trente pieds
de hauteur. Il est de belle venue, d'une
grosseur médiocre, & couvert d'une
écorse grisâtre, extrêmement unie & lui-
sante. Il pousse de tous côtés quantité
de branches chargées de feuilles larges,
& d'un très-beau verd, qui ressemblent
en tout à celles du laurier. Les fleurs
naissent en bossettes à l'extrémité des
branches. Chaque tige en porte une
qui est entrouverte, dans laquelle on
apperçoit quelques étamines d'un verd
pâle, auxquelles succedent des grappes
de petites baies, qui, lorsqu'elles sont
mûres, sont un peu plus grosses que
celles de genievre. Elles changent alors

de couleur, & de vertes qu'elles étoient, elles deviennent noires, unies & luifantes. On les cueille vertes, & on les met fécher au foleil. Elles bruniffent & acquierent une odeur qui tient de toutes les autres épices, ce qui l'a fait appeller en Anglois *Allfpice*. Elle eft beaucoup plus douce que les autres, & ne cede à aucune pour fortifier les eftomachs froids, aqueux & affoiblis. Cet arbre croît ordinairement fur les montagnes.

Outre le piment dont je viens de parler, on trouve encore à la Jamaïque le canelier fauvage, dont l'écorce eft fi utile dans la Médecine, le mancani-lier, arbre extrêmement beau, qui produit la plus belle pomme du monde, & dont le bois eft excellent pour la menuiferie, mais dont la pomme & le fuc, dans quelque endroit qu'on la coupe, eft un des poifons les plus fubtils qu'il y ait dans la nature ; le mahogani, dont nous faifons un fi grand ufage ; l'arbre chou, plante haute, dont la fubftance a le goût du chou, & qui ne porte qu'une année. Son bois eft incorruptible, lorfqu'il eft fec, & fi dur, qu'il émouffe tous les outils dont on fe fert pour le couper ; le palmier, dont les négres tirent une huile qui leur sert pour leurs alimens & pour la médecine ; le bois blanc, qui, étant employé dans la conſtruction, ne ſe vermoule jamais ; l'arbre à ſavon, dont les baies ſervent au même uſage que le ſavon ordinaire ; le bois du Breſil & le campèche. Ses forêts produiſent du gayac, de la ſalſepareille, de la ſquine, de la caſſe, des tamarins & même de l'aloë. On y trouve auſſi de la cochenille, mais on ne ſçait pas la préparer, & peut-être le climat n'y eſt-il pas propre. On y cultivoit autrefois l'indigo, mais on s'en tient à préſent au coton, dont cette Iſle envoie une plus grande quantité en Angleterre, que toutes les autres enſemble.

On peut donc réduire les productions de cette Iſle aux articles ſuivans. 1°. Le ſucre, dont on exporta en 1753 vingt mille trois cens & quinze barriques, dont quelques-unes peſoient deux mille livres, & dont le montant en Angleterre doit avoir été pour le moins de quatre cens vingt-quatre mille ſept cens vingt-cinq livres ſterling. Une partie de ce ſucre paſſe à Londres & à Briſtol, & l'autre dans l'Amérique Septentrionale, en échange du bœuf, du porc, du fromage,

du bled, des pois, des mâts, des planches, de la poix & du goudron que
les habitans en tirent. 2°. Le rum,
dont on tranſporte environ quatre mille
poinçons. Celui de cette Iſle paſſe pour
le meilleur, auſſi n'en emploie-t-on preſque point d'autre en Angleterre. 3°. La
melaſſe, dont la plus grande partie paſſe
dans la Nouvelle Angleterre, où il y
a beaucoup de diſtillateurs. On la tire
du ſucre, de même que le rum. 4°. Le
coton, dont il ſort deux mille ſacs de
la Jamaïque. L'indigo eſt aujourd'hui
beaucoup tombé, mais on cultive à ſa
place le cacao & le caffé. Ce dernier eſt
peu eſtimé, quoique bien des gens prétendent qu'étant gardé deux ou trois
ans, il n'eſt point inférieur à celui de
Mocha. Cette Iſle fournit encore une
quantité conſidérable de piment, de
gingembre, de drogues pour la teinture & la pharmacie, de confitures, de
planches de mahogany & de mancani-
lier. Mais quelques-uns des articles les
plus conſidérables de ſon commerce,
viennent du Continent de la Nouvelle
Eſpagne & de la Terre-Ferme. Les
habitans coupent dans la premiere
quantité de bois de campêche, & font
dans l'une & l'autre, un profit très-

cónſidérable dans la traite des négres; & ſur toutes les marchandiſes d'Europe que la Flote y porte d'Eſpagne.

Le bois de campèche, & la contre-bande qu'on en fait, ont occaſionné entre notre Cour & celle d'Eſpagne, quantité de diſputes qui ont enfin abouti à une guerre ouverte. Nous avouons le premier commerce, & prétendons même avoir droit de le faire, quoique ce point n'ait point été abſolument dé-cidé dans le dernier Traité de paix. Nous permettons la derniere, parce que nous croyons, & avec juſte raiſon, qu'au cas que les Eſpagnols ſe trouvent lézés, c'eſt à eux, & non point à nous à l'empêcher.

On coupoit autrefois ce bois dans la baie de Campèche, au Nord de la Peninſule d'Iucatan. Mais les Eſpa-gnols, après en avoir chaſſé nos gens, s'y ſont établis, & y ont bâti des Forts, pour empêcher qu'ils n'y retournaſſent. Les Anglois ont été depuis le couper ſur le golfe de Honduras, au Midi de la même Peninſule, & s'y ſont en quel-que maniere établis, ſous la protection d'un Fort qu'on y a conſtruit. Ceux qui s'adonnent à ce commerce, ſont un amas de fugitifs & de vagabonds, ſortis

pour la plupart de l'Amérique Septentrionale, dont la vie répond à leurs
mœurs. Ils ne reconnoissent aucune loi;
& quoiqu'ils élifent parmi eux un chef,
auquel ils donnent le titre de Roi, ils
ne lui obéiffent qu'autant que bon leur
femble. Ils habitent un pays bas & marécageux, rempli de coufins, & dont
les rivieres font infectées de crocodilles,
appellés par les Efpagnols *Alligatores*.
Cependant, ni la fatigue, ni la mauvaife qualité du climat n'ont pu le détourner d'un genre de vie, dont l'amertume eft adoucie par la licence dont ils
jouiffent, le brandevin & les gains immenfes qu'ils font. Ils font environ
quinze cens hommes, & vont toujours
bien armés.

Dans les temps fecs, lorfqu'ils coupent le bois de campèche, ils pénétrent
dans l'intérieur du pays, & le fuivent
le long des autres arbres parmi lefquels
il rampe, comme le feroit une veine de
minéral dans la terre. Lorfque les pluies
ont inondé le pays, ils ont des marques
pour connoître les endroits où il eft.
Ce bois eft très-pefant, & ne flote point
fur l'eau. Cependant il furnage, pour
peu qu'il foit foutenu, & il n'y a point
de plongeur qui ne puiffe en enlever de

D v

très - groſſes pieces. Ils le conduiſent par eau juſqu'au Port, où ils l'embarquent ſur les vaiſſeaux qui font ce commerce.

Les diſputes qu'on avoit eues ſur ce ſujet, s'étant renouvellées en 1716, les Lords qui compoſent la Chambre du Commerce, rapporterent qu'avant l'année 1676, nous avions un nombre de gens établis dans la Peninſule d'Iucatan, qui faiſoient ce commerce ; que nous l'avions toujours regardé comme nous appartenant de droit ; que nos Rois l'avoient toujours autoriſé, & que ce droit avoit été confirmé, au cas qu'il eût beſoin de l'être, par une clauſe *de uti poſſidetis*, dans le Traité de paix qui fut conclu entre l'Eſpagne & la Cour de Londres en 1676, & que nous étions en poſſeſſion de ces établiſſemens & de ce commerce, long - temps avant ce Traité ; & de plus, que les Eſpagnols eux-mêmes en avoient tiré avantage par incident, parce que les pirates, qui étoient auparavant leurs plus grands ennemis, s'étant adonnés à ce commerce, avoient ceſſé de les inquiéter dans le leur. En un mot, ils conclurent que cette affaire méritoit toute l'attention du Gouvernement, vu que depuis quelques années, il employoit plusieurs vaisseaux, & un nombre considérable de matelots ; qu'il consommoit une bonne partie de nos manufactures, & donnoit occasion d'en fabriquer d'autres, & qu'il rapportoit soixante mille livres sterlings par an. Cependant nous paroissons être déchus de nos prétentions, & je ne vois pas même comment nous pourrons les soutenir, ni commercer par force dans un pays, où, suivant les idées communes de droit reçu dans l'Amérique, nous n'avons aucune propriété. Quoiqu'il en soit, ce commerce continue encore malgré les difficultés qui en sont inséparables, & continuera toujours, tant que les Espagnols ne seront pas plus forts dans cette partie du Mexique, & que la côte ne sera habitée que par des vagabonds & des gens désespérés. Ce sont les vaisseaux de la Nouvelle Angleterre qui font le commerce du bois de campêche ; ils le portent à la Jamaïque, & y prennent les effets dont ils ont besoin.

Cette Isle fait un autre commerce plus considérable avec les Espagnols, surtout en temps de guerre, lequel a occasionné bien de disputes entre notre Cour & celle d'Espagne ; mais elle aura

D vj

encore plus de peine à l'empêcher que le premier, tant que les Espagnols en feront aussi avides, que les marchands Anglois y trouveront leur compte, & que les Officiers Espagnols, depuis le plus grand jusqu'au plus petit, ne feront point inaccessibles aux présens. Voici en quoi consiste ce commerce. Le vaisseau de la Jamaïque ayant embarqué ses négres, & un assortiment convenable de marchandises, se rend en temps de paix dans un port appellé le *Grout*, environ à quatre milles de Porto-Bello. On envoie à terre un homme qui entend la langue Espagnole, pour donner avis aux marchands de l'arrivée du vaisseau, lesquels la font aussitôt sçavoir à Panama avec toute la diligence possible. Les marchands partent sur le champ, déguisés en paysans, avec des cruches remplies d'argent, qu'ils ont soin de couvrir avec de la farine, pour tromper les Officiers du fisc. Le vaisseau séjourne souvent dans ce Port pendant cinq à six semaines. Les Espagnols se rendent ordinairement à bord, laissent leur argent, & prennent leurs négres & leurs effets par petits paquets, pour pouvoir les emporter plus aisément; & après avoir été régalés à bord, s'en retournent avec les provifions dont ils ont befoin pour leur voyage. Dans le cas où le vaiffeau ne trouve point à fe défaire entiérement de fa cargaifon, il fe rend à *Brew*, qui eft un Port fitué à l'Orient, environ à cinq milles de Carthagene, où il trouve bientôt à débiter ce qui lui refte. Il n'y a point de commerce plus lucratif que celui-ci ; car, outre que les paiemens fe font argent comptant, les marchandifes s'y vendent beaucoup mieux que par-tout ailleurs. Ce n'eft pas feulement fur cette côte que ce commerce fe fait, il a encore lieu dans le Continent ; & non-feulement les Anglois, mais même les François d'Hifpaniola, les Hollandois de Curaffou, & les Danois y ont part. Lorfque les garde-côtes Efpagnols faififfent quelqu'un de ces vaiffeaux, ils ne fe font aucun fcrupule de confifquer la cargaifon & traitent les équipages en vrais pirates.

Ce commerce en temps de paix, joint aux prifes que l'on fait en temps de guerre, jettent dans la Jamaïque des fommes immenfes ; auffi y fait-on des fortunes rapides, quoique les habitans vivent dans un luxe qui, partout ailleurs, conduiroit à l'hôpital. Leurs équipages, leurs habits, leurs meubles, leurs tables ; en un mot, tout porte les marques de la plus grande opulence & de la prodigalité la plus outrée ; & c'eſt ce qui fait que l'argent ne reſte pas long-temps dans l'Iſle, ce tréſor, joint aux productions du pays, ſuffiſant à peine pour fournir aux effets qu'ils tirent de l'Europe & de l'Amérique Septentrionale, & pour leur procurer des négres, dont ils ne peuvent abſolument point ſe paſſer, tant pour leur uſage, que pour le commerce qu'ils font avec les Colonies Eſpagnoles ; on y en tranſporte tous les ans plus de ſix mille qui ſe vendent, l'un portant l'autre, trente louis chacun, & même plus.

CHAPITRE IV.

Port - Royal. Tremblement de terre en 1692. Kingston. San-Jago de la Vega, ou Spanish-town. Dispute sur le transport du siege du Gouvernemeut.

L'ISLE de la Jamaïque est divisée en dix-neuf Districts ou Paroisses, dont chacune envoie deux députés à l'Assemblée, & entretient un Ministre avec des honoraires suffisans. Port - Royal étoit autrefois la Capitale de l'Isle. Elle étoit située au bout d'une longue pointe de terre, qui, du côté de la mer, formoit un des meilleurs Ports de l'Amérique, lequel portoit le même nom. Mille gros vaisseaux pouvoient y ancrer à leur aise, & l'eau y étoit si profonde, même près des quais, qu'il n'en coûtoit presque rien pour les charger & les décharger. Cela fut cause que les habitans choisirent cet endroit pour y bâtir leur Capitale, quoique le terrein fût sec & sablonneux, & ne produisît aucune des denrées nécessaires à la vie, & qu'on y manquât même d'eau douce. Cependant cette situation, jointe aux pirates

qui s'y rendoient de toutes parts, fit
que la ville devint en peu de temps
très-confidérable. Elle contenoit deux
mille maifons, parfaitement bien bâties,
& qui fe louoient auffi cher qu'à Londres. Il s'y rendoit une fi grande quantité de monde, qu'on l'eût prife pour
une foire, quoique trente ans auparavant il n'y eût pas une feule maifon. En
un mot, il y avoit peu de villes dans le
monde qui égalât celle-ci pour le commerce, les richeffes & la corruption des
mœurs.

Elle refta dans cet état jufqu'au 9e. de
Juin 1692, qu'un tremblement de terre,
qui ébranla l'Ifle jufqu'au fondement,
engloutit cette ville, & en enfevelit les
$\frac{9}{10}$ huit braffes au-deffous de l'eau. Ce
tremblement de terre, non-feulement
détruifit la ville, mais caufa encore un
ravage affreux dans toute l'Ifle, & fut
fuivi d'une maladie contagieufe qui faillit la ruiner de fond en comble. On a
remarqué du depuis que l'air y eft plus
mal fain qu'il ne l'étoit auparavant. Ce
tremblement de terre, un des plus affreux qu'on ait jamais vu, eft décrit
avec des couleurs fi vives dans les Tran-
factions Philofophiques, & par des perfonnes qui en furent témoins, & qui

eurent part à cette calamité, que j'aime mieux y renvoyer le lecteur, que de m'y arrêter plus long-temps. Je ne crois pas qu'on puisse rien voir de si affreux, ni qui soit raconté d'une maniere plus naturelle & plus pathétique.

On rebâtit la ville ; mais elle fut détruite dix jours après par le feu qui la réduisit en cendres. Malgré ces malheurs, les habitans séduits par la commodité de son port, la rebâtirent de nouveau ; mais en 1722, un ouragan des plus furieux qu'on ait jamais vu, la réduisit en un monceau de décombres. Ces malheurs, coup sur coup redoublés, ayant fait regarder cet endroit comme un lieu maudit, le Conseil fit transporter la Douane & les bureaux ailleurs, & défendit d'y tenir à l'avenir aucun marché. Les principaux habitans furent s'établir de l'autre côté de la baie, dans un endroit appellé Kingston. Cette ville est commodément située, tant par rapport à l'eau, que par rapport aux autres besoins de la vie. Les rues en sont larges, tirées au cordeau, & se coupent à angles droits. Elle contient plus de mille maisons, dont la plupart sont très-bien bâties, quoique fort basses. Elles sont ornées de portiques, & ont toutes les commodités que l'on peut desirer dans un climat chaud. Le port étoit autrefois assez mal défendu ; mais M. Knowles, Gouverneur de l'Isle, l'a fait fortifier de maniere qu'il est à l'abri de toute insulte.

La riviere Cobre, assez considérable par elle-même, quoiqu'elle ne soit point navigable, se jette dans la mer à quelque distance de Kingston. C'est sur ses bords qu'est bâti San-Jago de la Vega, ou Spanish-town, le siege du Gouvernement, les lieux où se tiennent les cours de Judicature, & par conséquent la Capitale de la Jamaïque, quoiqu'inférieure à Kingston par sa grandeur & son district. Cette ville, quoique moins commerçante, est beaucoup plus gaie. Elle est habitée par quantité de personnes opulentes qui y font une figure considérable. Il y a beaucoup de carrosses ; il s'y tient réguliérement une assemblée, ce qui, joint au séjour du Gouverneur, & des principaux Officiers du Gouvernement, & au génie des habitans, naturellement portés au faste & à la dépense, rend ce séjour aussi brillant qu'agréable. Monsieur Knowles avoit dessein de transporter le siege du Gouvernement à

Kingston, pour des raisons qui paroissent
assez plausibles ; car, outre que cela eût
facilité le commerce, les cours de Judicature & le siege du Gouvernement eussent été plus près du centre des affaires.
Je ne déciderai point si la bonté du climat, si les avantages que les grandes
villes procurent aux differentes parties
d'un pays, si les inconvéniens qu'il y a
de changer l'ordre établi, & le tort que
les particuliers auroient eu à souffrir,
auroient pu contrebalancer les avantages qui eussent résulté de cette trans-
migration. Je sçai seulement que les op-
positions que l'on trouva, ne regardoient pas moins le Gouverneur que
les mesures qu'il avoit prises, & que la
chaleur que l'on fit paroître de part &
d'autre, fomentée par cet esprit de parti
qui regne dans nos Colonies, excita
un embrasement qui, s'il n'eût point
éclaté, auroit eu lieu dans quelqu'autre
occasion, vu la quantité de matieres
combustibles qui étoient prêtes à s'enflammer.

Le Gouvernement de cette Isle est
le meilleur que je connoisse après celui
d'Irlande. Il rapporte deux mille cinq
cens livres sterlings par an. L'Assemblée en donne autant au Gouverneur,

ce qui, joint aux autres émolumens de sa charge, ne va pas moins qu'à dix mille livres sterlings. J'aurai lieu d'en parler, lorsque j'en serai à celui des autres Colonies, vu qu'il est le même à tous égards.

CHAPITRE V.

La Barbade. Quel étoit son état la premiere fois qu'on y arriva. Détresse de la Colonie. Accroissement rapide de cette Isle. Ses richesses & le nombre de ses habitans. Son état actuel.

LA Barbade est, après la Jamaïque, l'Isle la plus importante que nous ayions dans les Indes Occidentales. Elle n'est pas la moindre de celles qui sont comprises dans la division des Caribes. On ignore en quel temps elle fut découverte & habitée ; mais il y a tout lieu de croire que ce fut un peu avant l'an 1625.

La premiere fois que les Anglois y aborderent, elle étoit si inculte & si déserte, qu'elle ne paroissoit pas même avoir été habitée par des Sauvages. Ils n'y trouverent aucune espece d'animal que ce fût, ni fruit, ni herbe, ni racine dont on pût faire usage pour vivre. Mais comme le climat étoit bon, & que le terrein paroissoit fertile, quelques Anglois assez mal partagés du côté de la fortune, prirent le parti de s'y transporter & de s'y établir. Ils eurent non-seulement à lutter contre la solitude du lieu & le manque de vivres, les arbres étoient si gros, si durs, & couverts de branches si épaisses, qu'il fallut pour les abattre & défricher le terrein, une patience dont la plupart des hommes sont incapables. Après même qu'ils eurent défriché un petit espace de terrein, il produisit si peu, & ils reçurent si peu de secours de l'Angleterre, qu'il ne falloit rien moins qu'un courage & une fermeté d'ame étonnante, pour vaincre les difficultés qu'ils rencontrerent dans la plus noble de toutes les entreprises, qui étoit de cultiver & de peupler une partie inhabitée du globe. Les choses changerent peu à peu de face; quelques arbres donnerent des écorces pour la teinture ; le coton & l'indigo réussirent parfaitement bien ; le tabac, dont on commençoit à faire usage en Angleterre, rapporta passablement ; en un mot, le pays devint moins

affreux & moins sauvage , & dédommagea les habitans des soins qu'ils prenoient de le cultiver.

Le succès de nos Colonies dans l'A-
mérique , joint à l'orage qui quelque
temps après commença à se former en
Angleterre , encouragea plusieurs personnes à s'y transporter ; mais la Colonie ne reçut aucune espece d'encouragement de la part du Gouvernement
qui n'en connoissoit point l'utilité , &
qui d'ailleurs étoit entiérement occupé
à jetter ces semences d'amertume , dont
il fut le premier à sentir les effets. La
Cour ne songea à cette Isle que pour
la donner à un indigne favori, le Comte
de Carlisle , qui, comme la suite le fit
assez voir , ne procura aucun avantage
à cet établissement.

Cependant cette Colonie fit en peu de
temps des progrès qu'on auroit de la
peine à croire ; s'ils n'étoient attestés
par des preuves indubitables. Cette petite Isle , qui n'a que vingt-cinq milles
de long sur quatorze de large , vingt
ans après son premier établissement,
sçavoir en 1650 , contenoit plus de
cinquante mille habitans de tout sexe &
de tout âge , & un plus grand nombre
de négres & d'esclaves Indiens. Les

habitans acheterent les premiers, & ac-
quirent les seconds par une voie qui ne
leur fait pas beaucoup d'honneur ; ils
furent les enlever sans aucun prétexte
dans les Isles voisines, & les réduisirent
à l'esclavage ; ce qui nous a attiré pour
toujours la haine des Caribes Indiens,
qui, depuis lors, sont devenus nos ennemis irréconciliables.

Cette petite Isle, quoique habitée
par plus de cent mille ames, n'étoit
pas encore à moitié cultivée, & ses habitans continuoient tous les jours à la
défricher. Un peu avant le période dont
j'ai parlé, ils apprirent la méthode de
faire le sucre, ce qui ayant augmenté
la sphere de leur commerce, ils sont devenus depuis très-riches & très-nombreux.

A-peu-près vers le temps dont je
parle, le Gouvernement d'Angleterre,
qui étoit alors dans les mains de Cromwell, restreignit le commerce des Barbades, que les Hollandois faisoient auparavant, aux seuls nationaux ; en même temps que par la rigueur dont il
usoit envers les Regalistes, il obligea
plusieurs gentilshommes de très-bonne
famille, à aller s'établir dans cette Isle ;
au lieu que la plupart des autres ne fu-

rent peuplées que par des vagabonds & des gens fans aveu. Après le rétabliffement du Roi Charles, elle continua de faire des progrès très-rapides. Ce Prince créa dans ce temps-là treize Baronets, pris d'entre les gentilshommes de cette Ifle, dont quelques-uns avoient jufqu'à dix mille livres fterlings par an, & dont le moins riche en avoit plus de mille.

L'an 1676, qui fut le méridien de cet établiffement, on y comptoit environ cinquante mille blancs, & plus de cent mille négres de toute efpece. Ils avoient quatre cens vaiffeaux marchands du port de cent cinquante tonneaux l'un portant l'autre ; la valeur du fucre, de l'indigo, du gingembre, du coton, &c. qu'ils tranfportoient chez l'étranger, montoit à plus de deux cens cinquante mille livres fterlings, indépendamment de deux cens mille livres qui circuloient dans l'Ifle. Je fuis fûr que ni la Hollande, ni les cantons les plus peuplés de la Chine, n'ont jamais eu un fi grand nombre d'habitans dans une efpace de terrein de la même étendue, & n'en ont jamais tiré le même parti, fi l'on en excepte les environs des grandes villes; mais depuis ce temps-là, l'Ifle a beaucoup

coup dégénéré de son ancienne splendeur. L'accroissement qu'ont pris les Isles Françoises où il croît du sucre, joint aux Colonies qui se sont établies à Antigua, Saint-Christophe, Nevis, Monserrat & la Jamaïque, ont attiré de temps à autre un grand nombre de ses habitans. Une contagion affreuse, qu'on dit y avoir été portée par les troupes Angloises, mais qui vraisemblablement y passa de la côte d'Afrique, se répandit dans l'Isle en 1692, y fit les mêmes ravages que la peste, au point qu'il mouroit tous les jours vingt personnes dans la Capitale, & ainsi à proportion des autres parties de l'Isle. La maladie continua pendant plusieurs années, quoiqu'avec moins de violence, & infecta le climat. La guerre se mit de la partie; & les habitans des Barbades ayant mis un corps de troupes sur pied, en perdirent un grand nombre dans plusieurs expéditions qu'ils firent contre les Isles Françoises. La terre, de son côté, devint moins fertile, & l'on fut obligé d'avoir recours aux engrais. Toutes ces causes, jointes ensemble, concoururent à diminuer les habitans & l'opulence de cette ville célebre. Mais ce n'est qu'en la comparant

avec elle-même, qu'on peut dire qu'elle
a dégénéré ; car elle contient encore
aujourd'hui vingt-cinq mille blancs, environ quatre-vingt mille négres, & elle
embarque plus de vingt-cinq mille barriques de fucre, qui rapportent trois
cens mille livres fterlings, indépendamment du rum, de la melaffe, du
coton, du gingembre & de l'aloës ; population & produit immenfes pour une
Ifle, qui ne contient pas plus de cent
mille acres de terrein ; de forte que le
fucre feul rapporte à cette Ifle à-peu-
près la même fomme que lorfqu'elle
étoit dans fon état le plus floriffant.

Cette Ifle peut mettre fur pied environ cinq mille hommes de fes propres
troupes, fans compter un régiment de
troupes réglées, qui n'eft prefque jamais complet. Elle eft naturellement
fortifiée d'un côté par des rochers &
des baffes qui en rendent les deux tiers
prefqu'inacceffibles, & de l'autre, elle
a de très-bons ports ; mais toute la côte
eft défendue par une ligne de plufieurs
milles de long, & par des Forts qu'on
a conftruits dans les poftes les plus importans.

Ces Infulaires foutiennent cet établiffement, qui eft très-confidérable par

lui-même, avec beaucoup de réputation. La place de Gouverneur vaut au moins cinq mille livres sterlings par an, & les autres Officiers sont payés à proportion. Leurs Ministres y sont sur un très-bon pied. Ils sont tous membres de l'Eglise Anglicane, qui est la religion dominante, de même que dans les autres Isles. Il y a peu de dissidens. Cette Isle est beaucoup mieux réglée qu'aucune autre des Indes Occidentales, & tout s'y passe avec beaucoup plus d'ordre & de décence. Il y a un college, lequel a été fondé & doté par le Colonel Christophe Codrington, natif de cette Isle, à qui ses grandes qualités le rendront à jamais recommandable.

Ce college ne répond point assez aux vues de son digne fondateur, & il pourroit le faire, en appliquant son fonds à l'éducation d'un nombre de Catéchistes qui pussent instruire les négres, ce qui tourneroit à l'avantage du public, sans parler de la charité & de l'obligation indispensable qu'il y a de s'acquitter d'un pareil devoir.

Ce college est à Bridge-town, capitale de l'Isle, qui, avant le dernier incendie, contenoit environ douze mille maisons parfaitement bien bâties & ha-

bitées par un peuple nombreux & opulent. On ne peut rien voir de plus beau
que cette Isle. Le terrein est parsemé
de quantité de petits coteaux très-bien
cultivés ; dont la beauté est relevée par
la verdure des cannes à sucre, & par
une quantité prodigieuse d'orangers, de
citroniers, de guavas, de papas, d'a-
loës, dont les fleurs répandent une odeur
admirable, & par une multitude d'autres plantes aussi belles qu'utiles, qui
s'élevent parmi les habitations, dont
l'Isle est couverte de toutes parts. Il
n'y a pas jusqu'aux huttes des négres
qui ne contribuent à l'embellir. Ils ont
soin de les ombrager avec des platanes,
qui forment de leurs villages des especes de bois qu'on ne peut se lasser d'admirer. En un mot, il n'y a aucun endroit dans les Indes Occidentales qui
soit comparable à cette Isle par le nombre de ses habitans, la culture de son
terrein, les beautés & les commodités
qui résultent de l'un & de l'autre.

CHAPITRE VI.

Saint-Chriſtophe, Antigua, Nevis & Montſerrat. Leur état préſent & leurs forces.

L'ISLE de Saint-Chriſtophe eſt la plus conſidérable de celles que nous poſſédons parmi les Antilles. Les François & les Anglois furent les premiers qui s'y établirent en 1626 ; mais après différentes fortunes, elle nous fut entiérement cédée par le traité d'Utrecht. Elle a environ ſoixante & dix milles de circuit. Celle d'Antigua n'eſt gueres plus petite. Nevis & Montſerrat ſont les plus petites des quatre, n'ayant l'une & l'autre qu'environ vingt mille de circonférence. Le terrein de ces Iſles eſt à-peu-près le même, leger & ſablonneux, mais d'ailleurs extrêmement fertile. Antigua n'a aucun ruiſſeau d'eau douce, & les ſources y ſont fort rares, auſſi fut-elle longtemps inhabitée ; mais aujourd'hui on conſerve l'eau de la pluie dans des citernes & des réſervoirs, ce qui fait qu'on en manque rarement. L'Iſle de Saint-Chriſtophe produit du

meilleur ſucre & en plus grande quantité qu'aucune autre ; mais celle-ci , ni
aucune autre des Antilles ne produiſent
aucune autre denrée , à l'exception de
Montſerrat qui donne quelque peu d'indigo , & encore d'une qualité inférieure.
On prétend que Saint-Chriſtophe contient environ neuf mille blancs & vingt-
cinq mille noirs; Antigua a environ ſept
mille blancs & vingt mille noirs ; & Nevis & Monſerrat environ cinq mille Européens qui ont ſous eux dix à douze
mille eſclaves Africains ; de ſorte que
l'on peut dire ſans exagération, que toutes les Iſles Antilles contiennent environ
vingt-ſix mille Anglois , dont chacun
fait vivre pluſieurs hommes en Angleterre , du travail d'environ ſoixante &
dix mille négres. Elles produiſent tous
les ans vingt-cinq mille barriques de
ſucre. Je ne dis rien de l'Iſle de Barbade , parce qu'elle ne commerce point
directement avec l'Angleterre. Ses habitans s'occupent entiérement de l'agriculture , & à fournir des proviſions aux
Colonies voiſines. Elle appartient à la
maiſon de Codrington.

Ces Iſles ſont gouvernées par un Of-
ficier qui prend le titre de Capitaine
Général & de Gouverneur en chef de

toutes les Isles Caribes, depuis la Guadeloupe jusqu'à Porto-Rico. Cette place lui vaut environ trois mille cinq cens livres sterlings par an ; il est indépendant, & chef du Conseil & de l'Assemblée des Représentans de la nation.

CHAPITRE VII.

Climat des Indes Occidentales. Pluies & vents. Ouragans. Signes qui les annoncent. Productions des Indes Occidentales. Sucre. Maniere dont on le fait. Colons dans les Indes Occidentales. Leur façon de vivre & de commercer. Les négres.

LE climat de toutes les Isles que nous possédons dans les Indes Occidentales, est à-peu-près le même, en mettant à part les différences accidentelles qui naissent de la différence des situations, & des différentes qualités du terrein. Comme elles sont entre les tropiques, que le soleil donne à plomb sur leurs têtes, passe au-delà vers le nord, & ne s'éloigne jamais de plus de trente degrés vers le midi, elles sont continuellement sujettes à des chaleurs excessives,

lefquelles feroient infupportables, fi le
vent alizé, qui s'éleve peu à peu, à
mefure que le foleil prend de la force,
ne fouffloit du côté de la mer, & ne ra-
fraîchiffoit l'air, au point de les mettre
en état de vacquer à leurs occupations,
même en plein midi. D'un autre côté,
à mefure que la nuit approche, il s'éleve
un vent frais du côté de terre, lequel,
prenant fon cours vers la mer, parcourt
tout à la fois tous les points du compas.

La même providence a fait, que lorfque le foleil eft retourné au Tropique
du Cancer, & qu'il darde, pour ainfi
dire, fes rayons à plomb, il attire à lui
une grande quantité de nuages qui les
mettent à couvert de fes rayons, & qui,
fe diffolvant en pluie, refroidiffent l'air
& humectent la terre qui eft altérée par
la longue féchereffe qui regne communément depuis le commencement de
Janvier jufqu'à la fin de Mai.

Les pluies qui regnent dans les Indes Occidentales, ne reffemblent en
rien à celles de nos climats. Les plus
fortes ne font en comparaifon que de la
rofée. Ce font des débordemens d'eau
qui tombent des nuages avec une impé-
tuofité prodigieufe, qui font enfler les
rivieres dans un inftant, en forment de

nouvelles, & inondent le pays d'un bout à l'autre. De là vient que les rivieres qui ont leur source en dedans des Tropiques, s'enflent & se débordent dans certaines saisons de l'année, ce qui prouve l'erreur dans laquelle étoient les anciens, par rapport à la Zone Torride. Ils s'imaginoient qu'elle étoit desséchée & brûlée par les chaleurs excessives & continuelles qui y regnent, & par conséquent inhabitable; au lieu qu'elle est arrosée par les plus grandes rivieres du monde, & que l'humidité est ce qu'il y a de plus incommode dans plusieurs endroits.

Ce sont les pluies seules qui distinguent les saisons dans les Indes Occidentales. Les arbres y sont verds pendant toute l'année; le pays n'est sujet ni au froid, ni aux brouillards, ni à la neige, ni à la grêle; ou s'il en tombe, c'est fort rarement. Dans les cas où cela arrive, elle est fort violente, fort grosse & fort pesante. J'ignore si.cela vient de la seule humidité qui ne me paroît pas être une cause suffisante, ou de l'acide sulphureux qui prédomine dans l'air de ce pays; mais ce qu'il y a de certain, est que les métaux qui sont sujets à l'action de cette cause, se rouillent en très-peu de temps ; & cette caufe contribue peut-être autant que la chaleur à rendre ce climat mal fain & nuifible aux Européens.

C'eft dans la faifon pluvieufe, principalement dans le mois d'Août, & plus rarement dans ceux de Juillet, de Septembre, que regnent les ouragans, le fléau le plus affreux qu'on ait à effuyer de la part du climat. Ils détruifent dans un clin d'œil les travaux de plufieurs années, & ruinent les efpérances de l'habitant, dans le temps qu'il fe voyoit au comble de la fortune. Il s'éleve tout-à-coup une bourrafque de vent accompagnée de pluie, d'éclairs & de tonnerres, d'un orage fur mer, & quelquefois d'un tremblement de terre ; en un mot, de toutes les circonftances les plus terribles & les plus deftructives que les élémens puiffent raffembler. On voit d'abord pour prélude du défaftre qui doit fuivre, des champs entiers de cannes de fucre pirouetter dans l'air, & répandues fur toute la furface du pays. Les plus gros arbres font enlevés jufqu'aux racines, & emportés comme du chaume ; les moulins à vent font renverfés dans un inftant ; les ouvrages, les chaudieres, les alambics, quoique pefant plufieurs centaines de livres , font enlevés de terre & réduits en morceaux ; les combles des maifons font emportés d'une feule bouffée de vent , & la pluïe , qui , dans l'efpace d'une heure , s'éleve à cinq pieds de hauteur , acheve de les emporter avec une violence à laquelle rien ne peut réfifter.

Voici les fignes auxquels les Indiens connoiffent qu'il doit y avoir un ouragan , & c'eft d'eux que les Européens ont appris à les connoître. Ces ouragans arrivent ou dans les quartiers , ou dans la pleine lune. Lorfqu'ils doivent arriver dans la pleine lune , voici les fignes qui les annoncent. L'air eft extrêmement trouble , le foleil plus rouge que de coutume , le temps fort calme , & le fommet des montagnes extrême- ment net. On entend dans les crevaf- fes de la terre & dans les puits , un bruit fourd , comme s'il y avoit des vents enfermés. Les étoiles paroiffent plus grandes qu'à l'ordinaire , & fales tout autour ; le Ciel eft noir du côté du Nord-Oueft , & a quelque chofe d'effrayant ; la mer rend une odeur forte , & s'éleve , quoiqu'il ne faffe point de vent ; le vend qui étoit à l'Eft , tourne tout-à-coup à l'Oueft , & fouffle

sans interruption avec violence & à différentes reprises, environ deux heures à
chaque fois. Les signes font les mêmes au
plein de la lune. Cet astre est entouré d'un
aréole que l'on apperçoit aussi quelquefois autour du soleil. Ce sont-là les
prognostics que les Indiens nous ont
appris, sur quoi il est bon d'observer
que les paysans & les peuples barbares
connoissent mieux les temps & les saisons, & en tirent des regles plus sures
que les nations les plus sçavantes & les
plus civilisées ; dont la raison est, qu'ils
se fondent plus sur l'expérience que sur
la théorie ; qu'ils sont plus attachés aux
traditions de leurs ancêtres ; & que,
vivant en plein air, & étant moins
occupés, ils sont plus à même d'observer les plus petits changemens qui arrivent dans cet élément, au moyen de
quoi ils acquièrent quantité de connoissances utiles, quoique souvent mêlées
de plusieurs superstitions, parce qu'ils
ignorent les causes. C'est ce qui fait
mépriser leurs observations aux Sça-
vans, faute d'examiner la compétence
ou l'incompétence de ceux qui les ont
faites.

La marchandise d'étape la plus considérable des Indes Occidentales, est

le fucre. Cette denrée étoit inconnue aux Grecs & aux Romains, mais non point aux Chinois qui l'ont connue dans les temps les plus reculés, & qui nous ont appris à le connoître. Les Portugais furent les premiers qui le cultiverent dans l'Amérique, & qui l'introduifirent en Europe, comme une chofe d'un ufage univerfel, & propre à fatisfaire le luxe des peuples qui l'habitent. On ignore fi la canne dont on le tire, eft du crû de l'Amérique, ou fi les Portugais l'y ont portée de l'Inde, ou des côtes d'Afrique ; mais, quoiqu'il en foit, leurs fucres ont toujours été les meilleurs de tous ceux qui fe font débités & qui fe débitent encore dans cette partie du monde. La canne à fucre croît de la hauteur de fix à huit pieds. Elle eft remplie de nœuds efpacés de quatre à cinq pouces les uns des autres. Son corps eft jaunâtre, & fon fommet d'où fortent les feuilles, d'un verd extrêmement vif. Son enveloppe eft fort dure, & elle renferme une fubftance fpongieufe, remplie d'un fuc le plus agréable & le plus piquant que l'on connoiffe dans la nature, & qui, mangé crud, eft extrêmement fain & nourriffant.

´Voici la maniere dont on la cultive. Au mois d'Août, qui eſt le temps le plus pluvieux de l'année, après avoir ſarclé & béché la terre, on prend un roſeau de ſix à ſept nœuds, & on le couche à plat dans une rigole faite ex- près, qui a plus d'un demi-pied de profondeur. On la recouvre de terre, & l'on continue ainſi de planter tout le champ, par lignes également eſpacées les unes des autres. Peu de temps après, chaque nœud pouſſe un jet, qui, au bout de dix à douze jours, acquiert de la force & de la conſiſtence ; mais ce n'eſt qu'au bout de ſix mois ou envi- ron que les cannes ſont en état d'être employées, quoiqu'on puiſſe les laiſſer quelques mois de plus en terre, ſans qu'elles ſe gâtent. Plus elles reſtent en- terrées, après qu'elles ont acquis leur maturité, moins elles donnent de jus ; mais en revanche, le ſucre eſt beaucoup meilleur. Pour ne point perdre de temps, on partage ordinairement le champ en trois parties, dont l'une contient les cannes qui ſont formées, & que l'on doit couper dans cette ſaiſon ; l'autre les nouveaux plants, & dont la troi- ſieme reſte en jachere. Les ſommités des cannes, & les feuilles qu'elles pouſfent de leurs nœuds, fervent à nourrir le bétail, & le rebut qu'on en tire, après qu'elles ont été au moulin, à faire du feu ; de maniere qu'il n'y a aucune partie de cette plante excellente, qui n'ait fon ufage.

Les cannes coupées, on les porte au moulin, qui, aujourd'hui, eft ordinairement un moulin à vent. Il eft compofé de trois gros cylindres ou rouleaux garnis de fer, placés à plomb, & difpofés de maniere qu'ils fe meuvent par le moyen de celui du milieu. On fait paffer les cannes entre deux, & à mefure qu'elles s'écrafent, le fucre coule par un trou dans une cuve qui eft placée deffous pour le recevoir, & d'où il fe rend dans un grand réfervoir. Comme il ne manqueroit pas de s'aigrir, s'il y reftoit trop long-temps, on le conduit par d'autres tuyaux dans une grande chaudiere, où on le fait bouillir jufqu'à ce qu'il ne refte plus d'écume. On le fait ainfi paffer fucceffivement dans cinq à fix chaudieres, dont la grandeur va en diminuant, & où on le fait bouillir de même. Il s'épaiffit dans la derniere ; mais comme la fimple ébullition ne fçauroit lui donner la confiftence requife, pour hâter l'opération, on verfe deſſus une petite quantité d'eau de chaux qui le fait ſur le champ fermenter à un point extraordinaire. Pour empêcher qu'il ne ſe répande, on jette dedans un morceau de beurre de la groſſeur d'une noix, qui fait auſſitôt ceſſer l'efferveſ-cence, quand même la chaudiere con-tiendroit deux ou trois cens gallons de ſucre. On le met enſuite refroidir, il ſe ſeche, ſe met en grains, & devient en état d'être mis dans les pots, ce qui eſt la derniere partie de l'opération.

Ces pots ſont de figure conique, ou faits en pain de ſucre, & percés à leur pointe, que l'on doit regarder comme leur fond, & c'eſt dans cet endroit que l'on place le tamis à travers duquel il doit ſe filtrer. C'eſt dans ces pots que le ſucre ſe purge des impuretés qui y ſont reſtées; la melaſſe ſe dégage, ſe précipite & s'écoule par l'ouverture qui eſt au fond, & le ſucre reſte d'une cou-leur jaunatre foncée : on l'appelle alors ſucre *maſcavado*; & lorſqu'il eſt dans cet état, on le met ordinairement en barri-ques, & on l'embarque.

Lorſqu'on veut le rafiner davantage, & n'y point laiſſer de melaſſe, on cou-vre les pots dont je viens de parler, d'une eſpece de terre blanche, pareille à celle dont on fait les pipes, que l'on délaye avec de l'eau. Elle pénétre dans le sucre, s'attache à la melasse, & l'emporte avec elle, laissant le sucre de couleur blanchâtre, mais plus blanc au sommet qu'au fond. On répéte quelquefois cette opération jusqu'à trois fois; le sucre diminue quant à la quantité, mais il n'en est que plus beau. On ne va pas plus loin dans les plantations, à cause d'un impôt onéreux de six schelings pour cent qu'on a mis sur tous les sucres qu'on y rafine, ce qui fait que je n'en dirai rien davantage.

On tire le rum de la melasse d'une maniere qu'il est inutile de décrire, puisqu'elle ne differe en rien de celle dont on distille les autres liqueurs spiritueuses. On tire aussi une liqueur inférieure de l'écume du sucre. On transporte le rum dans l'Amérique Septentrionale, où les Anglois le consomment, ou l'envoient à Terre-Neuve, ou dans l'Afrique, indépendamment de ce qui en passe en Angleterre & en Irlande. On transporte aussi une grande quantité de melasse crue dans la Nouvelle Angleterre, ou on la distille.

On compte que lorsque les choses sont bien ménagées, le rum & la melasse défrayent une plantation, & que le sucre est le profit net & clair. Il paroit cependant par les particularités que j'ai apprises, & par d'autres qu'il est aisé d'imaginer, que les dépenses d'une plantation dans les Indes Occidentales, sont très-considérables, & les profits casuels & fort incertains. Il faut, pour commencer une plantation de sucre, un capital au moins de cinq mille livres sterlings, vu la cherté où sont les terres, & la quantité d'esclaves & de bétail qu'elle exige. Il s'en faut beaucoup que la vie d'un maître d'un plantage soit une vie oisive & paresseuse ; tous ses momens sont occupés. Il est obligé en tout temps d'avoir l'œil sur ses inspecteurs, & souvent d'en faire lui-même les fonctions. Mais, lorsque le temps de cuire le sucre est venu, pour peu qu'il ait ses intéréts à cœur, on ne peut imaginer un genre de vie plus laborieux & plus nuisible à la santé, étant obligé de passer les jours & les nuits exposé aux chaleurs réunies du climat, & de quantité de fourneaux. Ajoutez à cela les pertes qu'occasionnent les ouragans, les tremblemens de terre & les mauvaises saisons ; considérez ensuite qu'après que le sucre est emballé, il passe dans

les mains d’un marchand qui eſt obligé
de l’embarquer à ſon propre riſque. Il
n’y a perſonne qui ne tremble à la
vue de ces inconvéniens ; cependant
on peut dire qu’il n’y a point d’endroits dans le monde où l’on s’enri-
chiſſe plutôt que dans les Indes Occidentales. Une ou deux bonnes récoltes
dédommagent de quantité de mauvaiſes,
vu la promptitude du débit & le profit
immenſe que l’on fait ſur cette marchandiſe.

Les grandes plantations ſont ordinairement régies par un économe, dont
les appointemens ſont de cent cinquante
livres ſterlings par an. Il a ſous lui un
nombre d’inſpecteurs proportionné à celui des négres, ſçavoir, un ſur trente,
dont le ſalaire eſt d’environ quarante
livres ſterlings. Ces ſortes de plantations ont auſſi un Chirurgien penſionné
pour ſaigner les négres qui tombent
malades. Mais le mieux que puiſſe faire
un propriétaire, eſt d’affermer ſa plantation à un homme ſolide, lequel ſe
charge des réparations & de l’entretien
des beſtiaux. On prétend que le ſalaire
de cet économe eſt la moitié du produit
des meilleures années, & lorſqu’il eſt

frugal & induſtrieux, il a bientôt fait fortune.

L'entretien des négres coûte très-peu dans les plantations. La coutume eſt de donner à chaque famille une petite portion de terre, qu'on lui permet de cultiver deux jours de la ſemaine; ſçavoir, le ſamedi & le dimanche, ce qui ſuffit pour la faire ſubſiſter. D'autres nourriſſent les leurs avec une certaine quantité de bled de Guinée & d'Inde, quelques harangs ſalés, & un morceau de jambon & de porc ſalé. Le reſte de la dépenſe conſiſte en un bonnet, une chemiſe, une paire de caleçons, de bas & de ſouliers, ce qui n'excéde pas quarante ſchelins par an.

Je ne finirois point, ſi je voulois détailler ici les marchandiſes qu'on envoie dans les Indes Occidentales, vu que les beſoins de la vie ſont infinis, & qu'elles ne produiſent que les choſes dont je viens de parler. Les marchands font des gains immenſes ſur tout ce qu'ils vendent, & les artiſans, de quelque eſpece qu'ils ſoient, ſurtout les charpentiers, les maçons & les chaudronniers, s'y enrichiſſent en très-peu de temps.

CHAPITRE VIII.

Obfervations fur les Plantations des Indes Occidentales. Avantageufes pour purger un Etat des mauvais garnemens qui s'y trouvent.

LES hommes ont différens caracteres, & par conféquent autant de genres d'induftrie différens. Les uns aiment un travail modéré & exempt de rifque tant pour leur perfonne que pour leurs biens, & s'y foumettent volontairement pendant toute leur vie. Ces fortes de gens font pour l'ordinaire les meilleurs citoyens, & ne font propres qu'à refter chez eux. D'autres, ennemis déclarés de l'indolence, font d'un caractere entiérement oppofé. Inquiets, bouillans, & pleins de feu, aucun travail ne les étonne, pourvu qu'ils efperent d'en voir la fin ; ils aiment les dangers & les hazards, & forment les projets les plus vaftes, ne mettant aucun milieu entre la grandeur & la derniere mifere. Ces fortes de caracteres, lors furtout qu'ils fe trouvent dans des gens de moyen état, font fouvent très-dangereux pour

la société. Les Indes Occidentales ou-
vrent à ces fortes de perfonnes un vafte
champ pour exercer leur activité ; &
c'eft un des grands avantages des Colonies que nous avons dans cette partie
du monde, qu'indépendamment de la
quantité de nos marchandifes qu'elles
confomment, de matelots qu'elles emploient, & des fonds qu'elles rapportent
à l'Etat, elles fourniffent de l'occupation à ces fortes d'efprits, & les mettent en état de fe rendre utiles au public. Nos domaines font tellement fitués
& variés, que quiconque veut travailler, peut le faire fans nuire à qui que
ce foit. C'eft encore un très-grand bonheur que ceux que des accidens inévi-
tables, un revers de fortune, ou la
cruauté de leurs créanciers ont réduits
à l'indigence, & inutiles à la fociété,
trouvent une efpece d'afyle, où leurs
affaires prennent fouvent un fi bon train,
qu'ils ont lieu de fe louer des accidens
qui les ont chaffés de leur patrie, pauvres, miférables & fans appui, pour
les y faire rentrer dans l'opulence &
dans le crédit. Il n'y a perfonne qui ne
puiffe produire de pareils exemples, ni
qui, regardant autour de lui, ne voie
un grand nombre de perfonnes qu i,par

les démarches qu'elles ont faites dans leur jeuneſſe, ſe ſont fait une ſi mauvaiſe réputation, qu'on n'oſe plus les employer, lorſqu'on les connoît, quoiqu'elles ayent changé de caractere, & qu'elles ayent ſubjugué les paſſions qui ont été la ſource de leurs égaremens. Ces ſortes de perſonnes tombent d'abord dans l'indigence, enſuite dans le déſeſpoir, & ſe voient enfin abandonnées de tout le monde, juſqu'à ce qu'ayant occaſion de paſſer dans un endroit où l'on n'eſt point prévenu contre elles, elles ſont tout-à-coup transformées en de nouveaux hommes. A l'avantage qu'elles ont d'une expérience acquiſe à leurs propres dépens, elles joignent celui d'être exemptes de la mauvaiſe réputation qu'elles ont acquiſe, & elles deviennent utiles à leur pays; au lieu qu'elles ne lui euſſent été d'aucun avantage, ſi elles y fuſſent reſtées. Il y en a d'autres encore plus blamables que les deux dont je viens de parler, qui, ayant corrompu leurs mœurs, ne méritent plus aucune confiance, encore que dans le fond, elles ne ſoient point entiéreméent abandonnées, & qui, mettant à part leur caractere, ont encore aſſez d'étoffe pour devenir les plus honnêtes gens du monde.

Ce font là les différentes fortes de gens qui, à quelques exceptions près, ont peuplé les Indes Occidentales, & une bonne partie de l'Amérique Septentrionale ; & c'eft ainfi que nous avons tiré de la folie d'un nombre de fanatiques & de vifionnaires, de l'imprudence de la jeuneffe, de la méchanceté & de l'indigence de quelques perfonnes abandonnées, la fource de notre opulence, de notre force & de notre puiffance. Et quoique cela ne foit l'effet ni de notre fageffe, ni de notre prévoyance, cependant, comme la chofe eft, nous devons tâcher d'en profiter du mieux qu'il nous eft poffible. Cela doit nous apprendre à chérir les Colonies que nous avons fondées, à les encourager par toute forte d'indulgence, & nous engager à en acquérir de nouvelles ; l'expérience nous ayant appris, que comme il n'y a point de terrein & de climat qui ne foit fufceptible de culture, de même il n'y a point de difpofition ni de caractere dans les hommes qui, étant adroitement ménagés, ne puiffent tourner à l'avantage du public. Ceux qui commandent, & qui fe plaignent du génie des fujets, à certains
égards

égards, doivent plutôt se plaindre de leur peu de capacité qui les empêche de faire usage d'un instrument que la providence a mis dans leurs mains, pour effectuer les plus grandes choses. Il y a dans le corps humain certaines humeurs qui lui nuisent tant qu'elles y restent, & qui, étant évacuées, servent à en produire d'autres. La providence & les Ministres qui sçavent l'imiter, parviennent souvent à leur but par des moyens qui paroissent entiérement opposés ; car les tremblemens de terre, les ouragans, les inondations ne font pas moins nécessaires à la conservation de l'Univers, que le calme & le beau temps. La vie & la beauté naissent du sein de la corruption ; les remedes les plus énergiques, contiennent souvent un poison mortel. Tel est l'ordre de la nature ; & si l'on y fait attention, on verra que ce doit être aussi celui du Gouvernement.

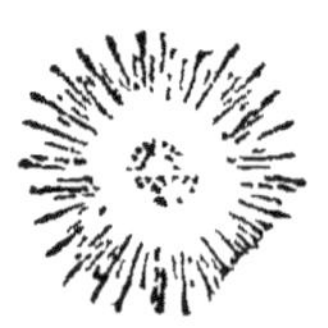

CHAPITRE IX.

Observations sur les impôts établis dans les Colonies. Sur un établissement coûteux qu'on y a fait. Réponse à quelques objections.

QUOIQUE nous ayions tiré de grands avantages de nos Colonies dans les Indes Occidentales, & que de la maniere dont nous nous y prenons, nous devions espérer d'en tirer encore d'autres, & que nous n'ayions rien négligé pour les faire valoir, il y a cependant bien des gens qui prétendent que nous avons oublié certaines choses dont nos voisins nous ont montré l'exemple, & d'autres dont nous avons senti la nécessité par les inconvéniens qui ont résulté de notre négligence à les mettre en pratique. Mon dessein n'est point de traiter cette matiere à fond, vu que c'est la sagesse & le pouvoir du Légiflateur, plutôt que les spéculations creuses d'un simple particulier, qui peuvent effectuer quelque chose d'utile dans les circonstances présentes. Un Amériquain, dont le génie est naturellement chaud, & qui n'est

point si exact observateur des regles de
la bienséance, appercevroit peut-être
bien des fautes dans notre conduite, &
raisonneroit, je crois, de la maniere
que voici.

» On croiroit que dans l'éloignement
» où nous sommes du siege de l'autorité,
» nous sommes hors d'état d'éprouver
» sa protection, mais non point de sen-
» tir son poids. Je ne finirois point si
» je faisois le dénombrement des maux
» qui nous accablent depuis notre en-
» fance, & qui avancent le terme de
» nos jours. Les maux que nous éprou-
» vons dans nos Colonies, ne contri-
» buent en rien au maintien d'un Gou-
» vernement civil, dispendieux, plus
» convenable à un pays affermi & indé-
» pendant, dont les richesses & la puis-
» sance sont au comble, qu'à des Colo-
» nies nouvellement établies, auxquel-
» les personne ne croit appartenir, com-
» me il le feroit à sa patrie, & qui man-
» quent des choses les plus nécessaires à
» la vie. La construction & l'entretien
» des bâtimens publics & des fortifica-
» tions, est un fardeau auquel nos for-
» ces ne peuvent suffire, & nous l'impo-
» ser, c'est agir d'une maniere contraire
» aux vues dans lesquelles vous cultivez

» les Colonies ; car, quoique vous re-
» gardiez leurs productions comme des
» chofes qui ne fervent qu'à entretenir
» le luxe , vous ne laiffez pas d'en tirer
» un parti très - avantageux , puifque
» vous feriez obligés de les tirer de l'é-
» tranger, fi nous ne vous les fournif-
» fions pas. N'y eût-il que cela feul ,
» vos Colonies ne laifferoient pas de
» vous être très-avantageufes. Mais il y
» a un autre jour encore plus avanta-
» geux , dans lequel vous devez les
» confidérer. C'eft qu'elles vous four-
» niffent des denrées que vous portez
» dans les autres pays , & qui fervent
» à faire pencher la balance du com-
» merce de votre côté.

» Tout le fecret, pour débiter promp-
» tement fes marchandifes chez l'étran-
» ger confifte, en deux mots, à les avoir
» bonnes, & à les laiffer à bon marché; &
» l'économie politique du commerce ,
» à remplir ces deux objets , furtout le
» dernier, dans toute leur étendue. Or,
» comment pouvons - nous laiffer nos
» marchandifes au même prix que les
» François, lorfque les Maîtres de nos
» plantations payent quatre & demi
» pour cent fur tous les fucres qu'ils en-
» voient hors de l'Amérique, indépen-

» damment de la taxe impoſée ſur les
» négres qui le fabriquent, & des autres
» impôts que le Gouvernement établit
» dans les beſoins preſſans, lorſque les
» François ne payent tout au plus qu'un
» pour cent ſur tous les ſucres qu'ils
» tranſportent, qu'ils achettent leurs
» négres à meilleur marché que nous,
» qu'on les favoriſe dans toute occaſion,
» & qu'ils ſont d'ailleurs plus laborieux
» & plus frugals que nous ne le ſom-
» mes? D'ailleurs, ſurvient-il quel-
» que accident inopiné? nous ſommes
» obligés de nous endetter. L'Iſle de
» Barbade employa tout d'un coup
» trente mille livres ſterlings en fortifi-
» cations, pour ne rien dire de ce que
» celle-ci & les autres ont dépenſé dans
» des occaſions ſemblables. Nous ne
» ſommes en effet que vos agens ; mais
» vous, Anglois, qui êtes les mar-
» chands, devriez faire toute la dépen-
» ſe, & ſupporter les pertes qui arri-
» vent, puiſque vous tirez ſeuls tout
» le profit, & qu'au bout du compte la
» perte retombe ſur vous, quelques me-
» ſures que vous preniez pour l'éviter
» & pour vous la cacher. Il eſt juſte
» que vous mettiez tel impôt qu'il vous
» plaît ſur ce qui ſe conſomme chez

» vous, puisque vous gouvernez le
» marché comme bon vous semble; mais
» les taxes que vous mettez, ou que
» vous souffrez qu'on mette sur les Isles,
» retombent sur vous & sur vos mar-
» chandises, elles en deviennent plus
» cheres, & vous en souffrez. Si les
» droits que vous mettez en Angleterre
» sur les productions de nos Isles; que
» dis-je, si la moitié de ces droits étoient
» employés, comme ils devroient l'ê-
» tre, à l'entretien de nos Colonies,
» nous serions débarrassés du fardeau
» que nous portons, & pourrions en
» quelque sorte aller de pair avec nos
» voisins. Dans l'état où nous sommes
» actuellement, non-seulement nous
» payons de forts salaires à nos Gouver-
» neurs, mais on souffre encore qu'ils
» tirent le meilleur parti qu'ils peuvent
» de notre foiblesse, en exigeant de
» nous des dons gratuits, que nous leur
» avons accordés, sans consulter nos
» moyens. Cette coutume fait que nos
» Gouverneurs emploient mille menées
» aussi indignes de leur caractere, que
» préjudiciables aux Provinces qu'ils
» gouvernent. C'est ce qui les porte à
» fomenter ces divisions qui nous dé-
» chirent, & nous empêchent de veiller
» aux intérêts de nos Colonies.

» Je n'aurois jamais fait, ſi je voulois
» entrer dans le détail des maux qu'oc-
» caſionne la coutume où l'on eſt d'en-
» voyer un Gouverneur dans les Iſles
» pour s'enrichir à nos dépens. Il eſt
» juſte qu'un Gouverneur ait des hono-
» raires fixes & convenables à ſa digni-
» té ; mais, lorſqu'il les a, il ne doit
» rien prétendre de plus, & ne doit
» s'occuper que de remplir avec hon-
» neur les devoirs de ſa charge.

» On m'objectera que nous devons
» ſçavoir gré à l'Angleterre de ce qu'elle
» envoie des troupes pour nous défen-
» dre, & des flotes pour protéger no-
» tre commerce, & que, loin de nous
» plaindre, nous devons l'en remercier ;
» qu'il n'eſt pas juſte qu'elle partage no-
» tre fardeau, étant chargée comme elle
» eſt d'une dette nationale immenſe,& de
» l'entretien de ſes Colonies. Je réponds
» à cela que les François font la même
» choſe. Ils envoient, comme nous, des
» armées & des flotes, pour protéger
» leurs Colonies ; mais ils ſoutiennent
» en même-temps leurs établiſſemens,
» & ne ſe plaignent point qu'elles leur
» ſoient à charge. Ils ſçavent que l'on
» gagne ſouvent beaucoup en dépen-
» ſant à propos ; ils ménagent les ſujets

» qu'ils ont dans les Indes Occidenta-
» les, & prennent fur l'étranger qui
» confomme leurs marchandifes, l'ar-
» gent dont ils ont befoin dans ces for-
» tes d'occafions. Nous pouvons faire
» ce qu'ils font. Ils ont appris de nous
» quantité de maximes de commerce,
» & un grand nombre de fabriques,
» pourquoi, à notre tour, n'appren-
» drions-nous pas quelque chofe d'eux?
» Nous avons, il eft vrai facilité le
» commerce depuis quelques années,
» en permettant à nos Infulaires d'en-
» voyer directement leurs denrées dans
» les pays étrangers; mais ce commerce
» eft encore fi gêné, que nous ne fen-
» tons point encore les avantages que
» nous pourrions tirer d'une liberté plus
» étendue & plus réglée. Pour ne pas
» aller plus loin, voyez, je vous prie,
» ce que vous avez gagné, en nous dé-
» fendant de porter nos fucres en Ir-
» lande, avant d'avoir mouillé dans un
» Port d'Angleterre? Qu'en eft-il arri-
» vé? Vos fucres ont augmenté de prix
» par ces allées & venues. Les Portu-
» gais vendent les leurs à meilleur mar-
» ché, quoiqu'ils foient pour le moins
» auffi bons que les nôtres. Les mar-
» chands d'Irlande ne feront pas affu-

» rément affez polis pour les refufer,
» lorfque vous leur témoignez fi peu
» d'égards, & vous ne fçauriez empê-
» cher les Portugais de les leur porter,
» pour des raifons que vous connoiffez
» auffi bien que moi. Si vous le faifiez
» jamais, je fuis fûr que vous vous en
» trouveriez mal. On prétend que nos
» banqueroutes chez l'étranger viennent
» de ce que nous n'avons qu'autant de
» fucre qu'il en faut pour l'ufage de
» l'Angleterre. Il s'en faut beaucoup
» que cela foit vrai. Il y a dans plufieurs
» de nos Ifles, & furtout dans la Jamaï-
» que, quantité de bonnes terres, par-
» faitement bien fituées pour en pro-
» duire, fi l'on prenoit la peine de les
» faire cultiver, & fi l'on encourageoit
» ceux qui ont des plantations à le faire.
» Ils méritent à tous égards qu'on les
» encourage, & ne demandons autre
» chofe, finon qu'on les mette en état
» de fe rendre utiles à leur patrie «.

CHAPITRE X.

Etat des Négres dans les Indes Occidentales. Combien ils font dangereux. Méthodes propofées pour remédier à ces abus. Néceffité dont il eft d'augmenter le nombre des Blancs. Ufage de ce réglement dans le commerce.

TEL eft le portrait que l'Amériquain feroit des maux qu'il fouffre, & je fuis perfuadé qu'il tenteroit toutes chofes au monde pour y remédier. Mais il y a d'autres réglemens qu'une perfonnne défintéreffée jugeroit à propos que l'on fît, & qu'un Indien adopteroit avec toute l'ardeur imaginable.

Tout le monde convient qu'il y a actuellement dans nos Colonies environ deux cens trente mille négres, & quatrevingt - dix mille blancs. Une pareille difproportion montre du premier coup d'œil combien ces Colonies ont à craindre, tant au-dedans qu'au dehors ; combien elles font expofées aux infultes d'un ennemi étranger, & aux révoltes de leurs propres efclaves ; cette derniere circonftance tient les habitans dans de fi vives alarmes, qu'il est étonnant qu'on n'ait pas songé à y remédier.

Cette disproportion entre les blancs & les noirs augmente de jour en jour. Cet esprit entreprenant, que la nouveauté de l'objet, & le concours de plusieurs causes avoient fait naître, a entièrement cessé. Nous avons aujourd'hui en Angleterre un aussi grand nombre de personnes indigentes & désœuvrées, qu'il y en avoit alors ; mais elles n'ont ni le même génie, ni la même activité. La disposition des habitans des Indes Occidentales, jointe à celle du peuple Anglois, contribue beaucoup à perpétuer le mal dont je me plains : ils font faire par des négres, ce qu'ils pourroient faire eux-mêmes ; & quoique les Loix & les Ordonnances les obligent à avoir un nombre de domestiques blancs proportionné à celui des négres, il y a cependant des endroits, où ces Loix ne font qu'une lettre morte. Ils aiment mieux payer l'amende, qui est fort rare, que de s'y soumettre. Leur avarice à cet égard, les aveugle sur les dangers auxquels ils s'exposent. Cette disposition dans les habitans des Colonies, a jetté de si profondes racines, & s'est tellement fortifiée, qu'ils ne changeront jamais de conduite, & si elle continue d'ici à quelque temps, tous les Anglois de nos Colonies se réduiront à un petit nombre d'habitans & de marchands, & tout le reste ne sera qu'un amas méprisable, quoique dangereux à cause de son nombre, d'esclaves Africains mal intentionnés & toujours prêts à se révolter.

Il est indubitable que la sureté, de même que la richesse d'une nation consistent dans la multiplicité de ses habitans, & dans cette gradation insensible du plus grand jusqu'au plus petit, qui confond les nuances, de maniere qu'on ne s'en apperçoit presque pas. C'est en cela que consiste la bonté du Gouvernement, & il ne sçauroit fleurir en suivant d'autres principes. En considérant donc la Colonie sous un autre point de vue, & entant que relative à la Grande-Bretagne, il est clair que cette négligence lui est extrêmement préjudiciable, parce qu'il est certain que la consommation de nos denrées doit y être proportionnée au nombre de blancs qui l'habitent ; & il n'y a personne, tant soit peu instruite de cette matiere qui ne convienne que je n'exagere point trop, lorsque je dis qu'un blanc con-

fomme lui feul autant de nos manufactures que trois négres.

Or, je fonde la néceffité qu'il y a
d'avoir un plus grand nombre de blancs,
non-feulement fur le gain qui en revien-
droit, mais encore fur les épargnes qui
réfulteroient de l'arrangement que je
propofe. Notre milice des Indes Occidentales eft fur un très-bon pied ; elle
égale nos meilleures troupes réglées
pour la difcipline, & l'emporte fur elles
pour l'ardeur & le courage ; & il ne
lui manque que d'être affez nombreufe pour fe défendre elle - même, &
faire tête à l'ennemi dans l'occafion ; à
quoi elle eft infiniment plus propre que
les nouvelles troupes, par l'habitude
qu'elle s'eft faite du climat, outre que
ces dernieres ne font prefque jamais
complettes, lorfqu'elles arrivent dans
l'Amérique. Un moindre nombre de
troupes fuffiroit dans ce pays pour agir
en tout temps, pour affurer nos Colonies, & même pour entreprendre des
expéditions, pourvu qu'on les entre-
tînt comme elles doivent l'être ; & ne
coûteroit point au Gouvernement le
tiers de ce qu'il lui en a coûté depuis
vingt ans, pour le tranfport & l'entretien de celles qu'il a envoyées dans le

nouveau monde, & dont la plupart font mortes de mifere & de fatigue fans avoir rien fait ; au lieu que celles dont je parle intimideroient l'ennemi, contiendroient les négres dans le devoir, enrichiroient l'Angleterre, & la dédommageroient des frais qu'il lui en a coûté pour fonder fes Colonies.

Je fens parfaitement qu'on ne manquera pas de faire quantité d'objections contre ce que je propofe, furtout dans ce qui concerne l'augmentation des domeftiques blancs dans les Indes Occidentales. On nous les dépeint comme des gens inutiles, fainéans, adonnés au vice, & bien plus capables de pervertir les négres que de les foulager. Je crois que cela eft vrai en général, mais ce n'eft point une raifon pour n'en point avoir, quoique c'en foit une pour réformer leurs mœurs, celles de leurs maîtres & de la Colonie. Si le défaut de police qui regne en Angleterre, nous expofe à quantité d'inconvéniens, quelles ne doivent pas en être les fuites dans les Indes Occidentales, où la plupart des gens vivent fans le moindre fentiment de religion, dans un état de débauche & de crapule, indigne de Chrétiens, & qui déshonore un Etat policé ?

Si donc il plaisoit jamais à notre Gouvernement de peupler ces pays, il faudroit qu'il prît en même temps les mesures les plus justes pour en bannir l'oi-
siveté & la corruption, ce qui n'est pas
aussi difficile à faire que bien des gens
se l'imaginent. Si jamais un pareil réglement avoit lieu, il en résulteroit un
autre bon effet, je veux dire, la conservation de la santé & de la vie des
peuples qui les habitent ; ce qui est un
article que tout sage Gouvernement doit
avoir à cœur, mais dont l'observation
est surtout nécessaire dans une Colonie,
dont le climat est mal sain, & où les habitans sont un trésor inestimable.

Ces observations regardent principalement la Jamaïque, la plus grande &
la meilleure de nos Isles, & où il y a
une quantité prodigieuse de terres incultes. Comme les rivieres n'y sont point
navigables, & que le sucre est une marchandise volumineuse, dont le transport
coûte infiniment, il conviendroit qu'on
ne le cultivât que sur les côtes, ou dans
les terres qui en sont proches. Que si
l'on encourageoit les pauvres gens à
s'établir dans l'intérieur du pays, la
nécessité les obligeroit à cultiver le coton, le cacao, le caffé, le gingembre,

l'aloës, le bois pour la teinture, & quantité d'autres chofes qui n'exigent pas beaucoup de travail, qui font faciles à tranfporter, & dont le débit eft affez prompt pour encourager des gens qui ne cherchent point à faire une fortune rapide. Comme nous tirons toutes ces denrées, furtout le coton dont il fe fait une grande confommation en Angleterre, on pourroit les encourager à en cultiver une plus grande quantité, moyennant quelque légere récompenfe. Le même befoin les obligeroit encore à faire des effais fur la cochenille, & fur quantité d'autres productions, auxquelles on ne penfe point, & que le climat ne refuferoit furement pas. En prenant les mefures que je viens de dire, on pourroit infenfiblement les engager à cultiver plufieurs articles dont nous manquons ; les gens laborieux s'enrichiroient, & pourroient à peu de frais tirer parti du cacao, de la cochenille, & même de l'indigo. Le travail à part, je crois que deux ou trois cens livres fterlings fuffiroient pour un commencement ; au moyen de quoi, tandis que l'on employeroit les grands fonds & les terres à portée de la navigation en fucre, on feroit valoir les petits capi-

taux, & les terres fituéés dans l'intérieur du pays en d'autres articles moins
coûteux & non moins utiles. Tout fleu-
riroit, l'agriculture feroit en honneur,
& un plus grand nombre de gens fub-
fifteroient à leur aife. Je fuis fûr que
vingt mille livres fterlings bien employées, fuffiroient pour cet effet; &
que l'Ifle dans quelques années rappor-
teroit infiniment plus qu'elle ne rapporte. Faute d'un pareil encouragement,
les grands fonds que l'on avoit en main,
& qu'il a fallu employer en marchandifes d'étape, ont infenfiblement dévoré
cette Ifle. C'eft le propre des gros ca-
pitaux d'occafionner une efpece de mo-
nopole; de même que le propre du mo-
nopole, c'eft de vouloir tirer un grand
profit d'un petit nombre de denrées. Il
n'en eft pas de même d'un commerce
étendu, & auquel tout le monde a part;
chacun en profite quelque peu, car tout
le monde ne peut pas efpérer une grande
fortune; mais tous ces profits réunis
ne laiffent pas de monter à des fommes
confidérables. On cultivoit autrefois
l'indigo dans la Jamaïque, & il avoit
tellement enrichi cette Ifle, qu'on affure
que dans la feule paroiffe de Vere, il y
avoit trois cens caroffes; je ne crois pas

qu'on en trouve aujourd'hui autant dans toute l'Isle. Je suis même persuadé qu'il y·avoit un plus grand nombre de propriétaires qu'il n'y en a aujourd'hui, quoiqu'ils ne possédassent peut-être pas ces richesses immenses qui nous éblouissent si fort.

CHAPITRE XI.

Misere des Négres. Il en périt beaucoup. Moyen pour empêcher que cela n'arrive. De l'instruction des Négres.

Puisque je me trouve engagé dans une matiere qui me paroît extrêmement importante pour le bonheur de nos Colonies, il ne sera pas inutile de dire encore un mot d'une autre partie de leurs habitans, encore que je sçache que je ne serai· pas favorablement écouté de ceux qui ont le plus d'intérêt à profiter de mes observations.

Les négres qui résident dans nos Colonies, souffrent l'esclavage le plus dur & le plus complet qu'aucun autre peuple endure, ni ait jamais enduré dans aucune autre partie du monde, & je pourrois en fournir des preuves. Les dépenfes prodigieufes que nous fommes obligés de faire pour en avoir, ne prouvent malheureufement que trop ce que j'avance. L'Ifle de Barbade, où il n'y a tout au plus que quatre-vingt-dix mille négres, malgré le foin que fes habitans prennent pour en multiplier l'efpece, dans un climat exactement femblable au leur, à l'exception qu'il eft infiniment plus fain, eft obligée d'en tirer tous les ans cinq mille d'Afrique, pour entretenir le nombre que je viens de dire. Ce déchet prodigieux, qui eft à-peu-près le même dans toutes nos Ifles, prouve démonftrativement qu'il y a quelque caufe extraordinaire qui les fait périr, & cette caufe n'eft autre que les travaux dont on les furcharge. Je prétends d'abord qu'il n'y a aucun peuple fitué entre les Tropiques qui pût travailler dans fon pays autant que les négres font dans les Indes, fans s'en trouver incommodé. Or, dans nos plantations, les négres travaillent fans relâche cinq jours de la femaine pour leurs maîtres, & les deux autres pour pourvoir à leur fuffifance, ce qui, joint aux mauvais traitemens qu'ils effuyent, en fait périr un grand nombre, & met les autres hors d'état de fe multiplier par la voie de la propagation.

On dira à cela que si le maître de la plantation leur donnoit plus de relâche, il ne pourroit jamais retirer les frais qu'il a été obligé de faire pour l'acheter, ni tirer les profits qu'il a eu en vue en s'engageant à cette dépense. Cet argument paroît d'abord plausible, parce que les négres font fort chers, & qu'ils ne rapportent pas plus de dix à douze livres par tête annuellement par leur travail, mais il est absolument faux dans le fonds. Que l'on considere que sur les quatre-vingt-dix mille négres qu'il y a dans la Barbade, il en meurt tous les ans cinq mille de plus qu'il n'en naît dans l'Isle; & en effet, on est obligé de les renouveller tous les seize ans. Que doit-on donc penser d'un peuple qui, au lieu de se multiplier, comme c'est l'ordinaire en temps de paix, seroit entiérement détruit dans un espace aussi court que celui de seize ans, si l'on n'avoit soin de le renouveller? Je veux pour un moment que ces négres ne coûtent que vingt livres sterlings par tête) ils coûtent davantage), cela fait tous les ans une somme de cent mille livres sterlings, & au bout de seize ans un million six cens mille livres, ce qui est une somme prodigieuse, & qui excéde d'un quart

la valeur des denrées qu'ils tranſportent
chez l'étranger. Suppoſons maintenant
qu'en accordant quelque relâche aux négres, & qu'ayant un peu plus d'indulgence pour eux, on pût prévenir cette
mortalité, en ſorte qu'on n'en perdît
que dix mille, ce qui n'eſt pas impoſſible, on épargneroit tous les ans quatre-
vingt mille livres ſterlings. Mais il faut
déduire là-deſſus le temps que ces eſclaves ont perdu, & je crois qu'on ne
doit pas y regarder de ſi près, lorſqu'il
s'agit d'une ſomme de quarante mille livres ſterlings que rapporte le travail de
quatre mille eſclaves. Cela dédomma-
geroit bien de la perte que l'on peut
faire, vu qu'il y auroit moins de malades, & qu'on dépenſeroit moins en
frais de Chirurgiens. Il s'enſuit donc,
toute déduction faite, que ſi les Propriétaires des plantations ſe conduiſoient
de la maniere qu'il convient à des hommes, à de bons maîtres & à de bons
chrétiens, les habitans de cette Iſle
épargneroient quarante mille livres ſterlings par an; au lieu qu'ils les perdent,
en agiſſant autrement.

Ce que je dis ici, eſt extrêmement
clair; mais le fût-il encore davantage,
il y a pluſieurs habitans des Indes, qui

ne le comprendroient point. Cependant il n'y a point de charretier en Angleterre qui ne fente, qu'en ménageant fes chevaux, & les nourriffant bien, il en tire plus de profit, que s'il ne leur donnoit aucun relâche, & qu'à la fin du jour il les lâchât dans une commune pour les faire paître. Je fuis fort éloigné de vouloir qu'on laiffe vivre les négres dans la fainéantife & la molleffe. Je fçais que la plupart font têtus & indifciplinables, & qu'il faut les conduire avec une verge de fer. Je voudrois qu'on l'employât pour les conduire & non pour les écrafer. Je voudrois que l'humanité qu'on a pour eux, fût affaifonnée de fermeté; d'autant plus qu'il paroît par l'hiftoire, que les nations qui ont eu le plus d'indulgence pour leurs efclaves, ont toujours été les mieux fervies, & n'ont jamais eu aucune révolte à craindre de leur part. Je fuis d'autant plus convaincu de la néceffité de ces fortes d'indulgences, que les efclaves en général font moins propres au travail que les gens libres. L'efprit influe beaucoup fur nos actions; & lorfqu'un homme fçait qu'il travaille pour lui, & que plus il travaille, & plus il gagne, cette idée feule lui fait fupporter des fatigues &

des travaux, fous lefquels il eût fuc-
combé, s'il avoit agi pour tout autre
motif.

On objecte à cela, qu'en ménageant
un peu les négres, on porteroit beaucoup de préjudice au commerce d'Afrique. Mais quoi de plus horrible qu'un
commerce qui ne peut fe foutenir que
par la mort de plufieurs milliers d'innocens ! Rien ne peut excufer un pareil commerce que la néceffité où nous
fommes de peupler nos Colonies, &
que la réflexion que l'on fait, que les
efclaves que nous achétons, étoient
tels en Afrique, ou par droit de fuc-
ceffion, ou par celui de la guerre. Après
tout, s'il falloit un moindre nombre de
négres, ils baifferoient à la vérité de
prix, mais le commerce n'iroit pas
moins, fi l'on faifoit enforte d'étendre
nos Colonies ; au lieu qu'il ne fubfifte
aujourd'hui que par le maffacre que l'on
fait de ces malheureux. C'eft là ce qui
arrive dans le Continent, où, quoique
le nombre des efclaves augmente, on
ne laiffe pas que d'être obligé d'en tirer
tous les ans au moins fept mille d'Afrique.

Le jour de repos que je voudrois que
l'on accordât aux efclaves, eft le Di-

manche, jour que l'on profane dans nos Colonies d'une maniere tout-à-fait fcandaleufe. Je voudrois qu'on les menât ce jour-là à l'Eglife, & qu'on les inftruisît, de même que les enfans, des principes de la religion & de la vertu, & qu'on leur infpirât l'humilité, la foumiffion & les autres vertus qui conviennent à leur état. On pourroit le refte du jour leur permettre quelque récréation honnête. A ces jours de relâche, on pourroit joindre quelques-unes des grandes fêtes, par exemple, de Noël, de Pâques & de la Pentecôte, & même quatre ou cinq autres jours de l'année. Au moyen de cette méthode, leurs maîtres s'habitueroient infenfiblement à ne plus les regarder comme des bêtes brutes, fans ame, comme quelques-uns le font actuellement; & les négres feroient plus honnêtes, plus dociles & moins fripons; à moins qu'on ne veuille dire que les loix de la religion, les préceptes de la morale & l'éducation font entiérement inutiles aux hommes. Je connois un auteur *, fi tant eft qu'il mérite ce titre, qui regarde la converfion des négres au Chriftianifme, comme une chofe tout-à-fait indifférente à l'humanité. Mais, outre que cet écrivain

* Oldmixon.

me

me paroît avoir très-peu de jugement, je ne puis concevoir comment un homme qui prétend inftruire le public, ofe fe déclarer le défenfeur de l'irréligion, de la barbarie & de l'ignorance.

CHAPITRE XII.

Projet pour affranchir les Mulâtres & les Négres. Il eft dangereux d'avoir beaucoup de domeftiques négres.

On dit que les loix d'Angleterre font favorables à la liberté; & cela eft fi vrai, que dans le temps que nous avions des efclaves parmi nous, la loi profitoit de la négligence des maîtres pour les affranchir, & ufoit même de fubtilité dans ces occafions, parce que nos ancêtres étoient perfuadés que les hommes libres étoient les vrais foutiens de l'Etat. Quel mal y auroit-il, fi dans nos Colonies on trouvoit quelque milieu entre la liberté & l'efclavage abfolu; de maniere qu'après quelques années de fervitude, on rendît les mulâtres à ceux qui les reconnoîtroient pour leur appartenir, & qu'on affranchît les négres qui font nés dans l'Ifle, en récom-

penfe des fervices qu'ils auroient rendus ? On pourroit leur affigner des terres, ou, à leur défaut, quelque profeffion qu'ils feroient les maîtres d'exercer,
moyennant une légere redevance au public. Ce qu'ils gagneroient de furplus,
leur appartiendroit. La néceffité où ils
feroient de payer cette taxe, les garan-
tiroit de l'oifiveté ; car, dès qu'une fois
les hommes fe font adonnés au travail,
ils cherchent non-feulement à fe procurer le néceffaire, mais encore les chofes fuperflues à la vie. Les denrées augmenteroient, & la Colonie en devien-
droit plus puiffante, par l'intérêt que
fes habitans auroient à la défendre.

On a encore cette mauvaife coutume
dans nos Colonies de multiplier les efclaves domeftiques au-delà du néceffaire. Il eft affez ordinaire de voir dans
des familles, qui d'ailleurs ne font pas
fort riches, vingt-cinq à trente de ces
efclaves domeftiques. Ce font tout autant de bras que l'on ôte à l'agriculture, & qui deviennent inutiles au public. Ce n'eft pas tout ; ils font infiniment plus dangereux que les autres efclaves ; car à force de vivre avec nous,
ils perdent peu à peu le refpect que
les négres qui travaillent aux champs,

ont ordinairement pour les blancs, sans perdre cet esprit de vengeance qui est commun aux uns & aux autres, & qui est l'effet inséparable de leur condition. A quoi l'on peut ajouter, qu'en cas de révolte, ils sont plus en état de nous porter le coup mortel. Il seroit à souhaiter que l'on fît une loi somptuaire, pour restreindre le nombre de ces esclaves domestiques, & qui enjoignît à tous ceux qui ont cinq esclaves, d'avoir un blanc & une blanche parmi eux, sans qu'ils pussent s'en exempter, sous quelque prétexte que ce fût, de même qu'on les oblige à avoir des inspecteurs & des conducteurs Européens.

Les alarmes dans lesquelles nous sommes, lorsqu'on fait quelque armement un peu considérable dans les Indes, sont une preuve démonstrative de notre foiblesse ; cependant, loin de nous tirer de notre léthargie, & de nous engager à y apporter remede, on trouve une infinité de gens qui font tout leur possible pour nous empêcher de veiller à la sureté de nos possessions, dont la raison est que la plupart des hommes préférent le présent à l'avenir, quelqu'avantageux qu'il puisse leur être. Cependant il me paroît que les

progrès de la France devroient mettre
fin à notre inaction, & nous animer à
faire quelques réglemens supérieurs à
ceux que je viens de proposer, pour
l'intérêt de notre commerce & l'honneur du ministere Britannique.

Fin de la sixieme Partie.

HISTOIRE

DES
COLONIES EUROPÉENNES
DANS L'AMÉRIQUE.

SEPTIEME PARTIE.

COLONIES ANGLOISES

DANS L'AMÉRIQUE SEPTENTRIONALE.

CHAPITRE I.

Vue générale des Domaines d'Angleterre dans l'Amérique Septentrionale.

Il n'eſt pas aiſé de fixer les bornes des poſſeſſions Angloiſes dans l'Amérique Septentrionale du côté du Nord & de l'Oueſt ; car du côté du Nord, il me paroît que nous pourrions pouſſer nos

Domaines jusqu'au Pole même, sans que personne se mît en peine de nous les disputer. Par le Traité d'Utrecht, la France nous a cédé la baie & le pays d'Hudson, de même que toutes les contrées limitrophes. Si nous prenons notre station à l'extrémité Septentrionale de la Nouvelle Angleterre, ou de la Terre de Labrador, & que nous regardions vers le Midi, nous avons un pays qui s'étend depuis le 61e. jusqu'au 31e. degré de latitude Septentrionale, dont la longueur en ligne directe est de plus de dix-sept cens milles. Ce pays est borné à l'Est par l'Océan Atlantique, au Midi par quelques restes de la Floride Espagnole ; mais nos ennemis nous disputent nos bornes du côté de l'Ouest, & à peine les connoissons-nous nous-mêmes. Ceux qui se reglent par les Chartres qui ont été accordées à nos Colonies, poussent leur Jurisdiction, à travers le Continent, jusqu'à la mer du Sud; d'autres bornent nos droits aux bords du Mississipi, & comprennent quatre des grands lacs dans nos domaines ; mais je ne sçaurois dire pourquoi ils ont pris ce fleuve pour limite, plutôt que les autres rivieres & les autres montagnes qui me paroissent être des bornes plus naturelles. D'autres ont encore plus refferré nos limites, & bornent nos poffeffions dans l'Amérique, aux monts Apalaches, au Lac Ontario, & au fleuve Saint-Laurent. Les François, en cela d'accord avec ces derniers, ou pour mieux dire, nos Anglois d'accord avec eux, pour avoir fervilement copié leurs cartes, font commencer nos poffeffions au Midi de ces montagnes, vers le 44e. degré de latitude Septentrionale, ou environ, d'où ils tirent une ligne vers le Nord-Eft, qui nous ôte une grande partie des provinces de la Nouvelle York, de la Nouvelle Angleterre, & de la Nouvelle Ecoffe, mettant entre nous & le fleuve de Saint-Laurent telle diftance qu'il leur plaît.

Cette diftribution, jointe aux difpofitions militaires que les François ont faites pour l'appuyer, eft la principale caufe de la querelle qui fubfifte entre les deux Royaumes, & ce fera par fon iffue que nos Géographes futurs pourront fixer les limites des deux nations. Comme il ne m'appartient point de les régler, je me bornerai fimplement à nos Colonies. Nos droits dans la Nouvelle Ecoffe ont été fixés & établis d'une ma-

niere claire & décisive ; il n'en est pas
de même de nos prétentions sur l'Ohio
& le Mississipi , & je ne puis que blâmer
la témérité avec laquelle quelques écri-
vains ont osé décider une question aussi
intéressante pour le public. Les uns ont
été assez timides & assez ignorans pour
resserrer nos possessions ; d'auttes ne leur
ont donné d'autres bornes que l'Amérique Septentrionale , d'une mer à l'autre ; les uns ont borné nos limites , les
autres enfin n'en ont reconnu aucune.

La postérité aura de la peine à croire
que dans une matiere aussi importante,
nous ayions été assez stupides pour ne
point régler avec la France, quelle partie du pays nous appartient de droit,
non plus que celle que nous voulons
laisser à la discrétion de nos voisins ;
& que contens de nous établir sur la
côte , nous n'ayions jamais jetté les
yeux sur l'intérieur du pays , ni senti la
nécessité de nous faire une barriere,
ce qui ne nous auroit pas été bien difficile. Une pareille précaution , si nous
l'eussions prise à temps , eût sauvé la
vie à des milliers d'hommes, & nous
eût épargné plusieurs millions ; mais il
n'est plus temps de réparer notre faute.

Mon dessein dans le discours suivant,

n'eſt point d'examiner nos Colonies relativement au temps de leur établiſſement, ni aux avantages qu'elles procurent au Royaume, mais eu égard à leur
ſituation reſpective, au Nord & au Sud,
depuis la Nouvelle Angleterre juſqu'à
la Caroline ; me réſervant à parler à la
fin de cet ouvrage des nouveaux établiſſemens que nous avons au Nord &
au Sud, de même que de ceux de la
Nouvelle Ecoſſe & de la Georgie, &
des pays ſitués dans les environs de la
baie d'Hudſon.

CHAPITRE · II.

Premieres tentatives pour s'établir dans
l'Amérique Septentrionale. Origine &
progrès des Puritains. Ils ſont perſécu
tés par Laud. Pluſieurs s'enfuient dans
la Nouvelle Angleterre.

Nos droits ſur l'Amérique Septentrionale ſont fondés ſur la découverte
de Sébaſtien Cabot, lequel aborda pour
la premiere fois dans le Continent l'an
1497. Ce fait eſt aſſez connu pour établir le droit que nous avons ſur nos

possessions de l'Amérique Septentrionale ; mais je ne suis pas assez instruit de ses particularités, pour entrer dans le détail de son voyage. On appella ce pays du nom de Terre-Neuve ; mais on l'a depuis restraint à une Isle qui est sur la côte. Nous fumes longtemps à nous établir dans ce pays, & si nos voisins ne nous prévinrent point, ce ne fut surement pas par égard pour notre premiere découverte. M. Walter Raleigh fut le premier qui fonda une Colonie dans la partie Méridionale, à laquelle il donna le nom de Virginie. Cependant son exemple n'eut pas beaucoup d'imitateurs. Nos Anglois vivoient à leur aise dans leur patrie, & ce nouvel établissement, malgré les éloges qu'on lui donna, ne fit pas beaucoup d'impression sur les esprits. Les affaires de l'Amérique Septentrionale étoient entre les mains d'une Compagnie exclusive ; aussi s'en ressentirent-elles.

Les choses resterent dans cet état jusqu'à la fin du regne de Jacques I. Il y eut depuis le commencement de la réformation deux partis de Protestans en Angleterre. Le premier s'éloigna insensiblement de l'Eglise de Rome ;

& se contentant d'affoiblir les traits, sans effacer la figure, il laissa subsister les choses à-peu près dans l'état où elles étoient. Le peuple qui, pour l'ordinaire, se contente de l'extérieur, ne s'apperçut presque pas du changement qu'on avoit fait dans la doctrine de sa Religion. L'autre parti, qui étoit d'un tempéramment plus chaud, eut infiniment plus de zèle & moins de politique. Plusieurs de ses membres, qui s'étoient soustraits à la persécution de la Reine Marie, retournerent en Angleterre sous le regne d'Elisabeth, l'esprit échauffé par le souvenir de ce qu'ils avoient souffert, & plus encore par les disputes qu'ils avoient eues avec leurs Adversaires. Pleins d'aversion pour l'Episcopat, & pour les cérémonies en général, ils étoient imbus d'un zèle ardent pour la liberté & pour le gouvernement Républicain. La Reine Elisabeth tenoit assez du génie d'Henri VIII pour ne pas vouloir qu'on s'opposât à ses volontés, surtout en matiere de Religion, qu'elle croyoit mieux connoître que personne. Elle consulta avec ce parti sur les changemens qu'elle jugeoit à propos de faire ; & dédaignant les notions qu'il avoit en fait de politique, elle le contint durant tout le

G vj

cours de son regne, avec une sévérité uniforme & inflexible.

L'autre parti n'étoit cependant point détruit. Le souvenir de ce qu'il avoit souffert, la simplicité de ses habits, la gravité de ses mœurs, l'usage qu'il faisoit des phrases de l'Ecriture dans les occasions les plus ordinaires, leurs noms mêmes, qui étoient tirés de l'Ancien Testament, leur attirerent l'estime & la vénération du peuple qui, pour l'ordinaire, n'est pas la partie la plus éclairée d'un Etat. Ce parti étoit très-nombreux, & infiniment plus considérable par son zèle que par le nombre de ses adhérens, auxquels on donnoit communément le nom de *Puritains*.

Jacques, en montant sur le trône, eût pu pacifier ces disputes, ou du moins les laisser dans l'état où elles étoient ; mais il ne fit ni l'un ni l'autre. Le malheureux Synode d'Hampton-court ne servit qu'à affermir les Puritains dans leurs opinions, lors surtout qu'ils s'apperçurent que toute la Logique de Jacques, soutenue de l'autorité royale, étoit incapable d'anéantir leur parti. On les persécuta, sans pouvoir les détruire ; on les aigrit, sans diminuer leur autorité, & on usa envers eux d'une févérité qui fit voir tout à la fois la foiblefle & les mauvaifes intentions du Gouvernement.

Charles monta fur le trône fans changer la face des chofes. Ce Prince poffédoit de grandes vertus ; mais il ignoroit le talent de fe faire aimer. Auffi grave qu'un Puritain, il ne put jamais fe faire un partifan, & fa gravité même le rendit odieux aux Puritains, par le mauvais ufage qu'il en fit pour leur nuire. Il fe livra entiérement aux gens d'Eglife, & mit le fceau à fa mauvaife conduite, en confiant la premiere Dignité eccléfiaftique du Royaume, & la régie des affaires temporelles au Docteur Laud. Cet homme, qui eût à peine dirigé un college, fut nommé pour gouverner un Royaume. C'étoit un de ces hommes bien intentionnés, mais indifcrets, qui figurent le plus mal dans les affaires politiques. Il rendit à la vérité de grands fervices à la Religion, par la recherche fcrupuleufe qu'il fit de la conduite des Miniftres, dont il dépofféda plufieurs de leurs charges, parce qu'ils étoient non-conformiftes. Non content de la conduite qu'il avoit tenue, & qu'on eût pu juftifier, s'il eût agi avec plus de prudence, il fit de nouveaux réglemens, & introduisit chez un peuple naturellement ennemi des cérémonies, quantité de nouvelles cérémonies inutiles, qui même auroient pu passer pour ridicules, si les conséquences dont elles furent suivies, n'avoient été assez férieuses pour les faire regarder comme des choses très-importantes.

Plusieurs Seigneurs, dégoûtés de la conduite de la Cour, & assez zélés pour la liberté publique, pour se rendre populaires, adopterent les sentimens du peuple en matiere de Religion, & affecterent de les soutenir avec beaucoup de zèle. D'autres devinrent Puritains par principe. Les affaires prirent alors une tournure plus respectable ; & à proportion qu'on s'y intéressa, les persécutions que l'on faisoit souffrir aux Puritains, augmenterent. Les sévérités dont Laud avoit usé, loin d'inspirer, comme autrefois, de la crainte, ne firent qu'exciter de l'indignation, & ils devinrent de jour en jour moins disposés à se reconcilier avec les surplis, les orgues, les prieres publiques & la sainte table à l'extrémité Occidentale de l'Eglise. Comme l'homme est naturellement zélé pour les bagatelles, & que ceux qui s'en occupent, en font leur objet capital, on commença à perfécuter les Puritains à l'occafion de ces cérémonies, & la plupart aimerent mieux s'expatrier que de s'y foumettre.

Dès le commencement du regne du Roi Jacques, plufieurs d'entr'eux fe réfugierent en Hollande, où, malgré la liberté de confcience qui y regne, ils ne furent pas mieux accueillis qu'en Angleterre. On les y toléra, à la vérité ; mais on les veilloit de près : leur zèle commença à fe rallentir, faute d'oppofition, & fe voyant méprifés, ils fe lafferent de l'indolente fécurité de leur Sanctuaire, & réfolurent de chercher un endroit où ils n'euffent point de fupérieur. Ils envoyerent donc un agent en Angleterre, lequel obtint du Confeil de Plymouth, un canton de terre dans l'Amérique, pour aller s'y établir, après en avoir obtenu la permiffion du Roi. Ce Confeil de Plymouth étoit une Compagnie qui avoit non-feulement obtenu toute la côte de l'Amérique Septentrionale, depuis la Nouvelle Ecoffe, jufqu'à l'extrémité Occidentale de la Caroline (on diftinguoit alors toute cette étendue de pays par les noms de Virginie Méridionale & Septentrionale), pour y commercer à l'exclufion de tout autre, mais qui poffédoit encore tout le pays en propre.

Cette Colonie s'établit dans un endroit qu'on appella New-Plymouth. Ceux qui la compofoient étoient en petit nombre. Ils arriverent dans une mauvaife faifon, fans autre fonds pour fubfifter, que le peu d'argent qu'ils avoient apporté. L'hyver vint de très-bonne heure, & fut extrêmement froid. Le pays étoit entiérement couvert de bois, & par conféquent hors d'état de fournir à la fubfiftance de ces avanturiers, dont la plupart étoient épuifés par la fatigue du voyage qu'ils venoient de faire. Près de la moitié mourut du fcorbut, de mifere & de froid ; mais ceux qui furvécurent, loin d'être rebutés par la perte qu'ils venoient d'effuyer, & par les fatigues inféparables d'une pareille entreprife, encouragés par cette fermeté d'ame qui étoit alors le caractere des Anglois, & par la joie de fe voir à l'abri du bras fpirituel, forcerent ce pays inculte & fauvage à leur fournir une fubfiftance paffable, & peu à peu toutes les chofes néceffaires à la vie.

Ce petit établiffement fe fit en 1621. Plufieurs de leurs freres fe voyant perfécutés en Angleterre, prirent les mêmes moyens pour en fortir. La Colonie des Puritains s'accrut infenfiblement, mais ne s'étendit point au-delà de New-Plymoutht. Ce ne fut qu'en 1629, qu'elle changea de face, & devint floriffante. Elle bâtit à la fin de l'année fuivante, quatre villes, Salem, Dorchefter, Charleftown & Bofton, qui eft devenue depuis la Capitale de la Nouvelle Angleterre. Cet enthoufiafme qui bouleverfoit tout en Angleterre, & qui eft fi dangereux dans un Etat bien réglé, produifit un effet tout contraire dans le Nouveau Monde. Il devint un principe de vie & de force, qui leur fit furmonter toutes les difficultés de ce pays fauvage. La régularité de leurs mœurs produifit une fubordination & une forme réguliere de gouvernement qui leur manquoient jufqu'alors, & qui, dans tout autre pays, euffent eu des fuites très-facheufes.

Cependant, non-feulement ceux que l'on perfécutoit pour caufe de religion, mais quantité d'autres attirés par les profits que l'on faifoit dans le commerce des pelleteries & des fourrures, & à la pêche, furent s'établir dans la Nouvelle Angleterre. Mais ce qui con=

tribua le plus aux progrès de cette Colonie, fut la protection que lui accorderent plusieurs Seigneurs mécontens qui avoient pris le parti des Puritains, & qui avoient résolu de passer dans la Nouvelle Angleterre, au cas qu'ils échouassent dans les mesures qu'ils avoient prises, pour établir la liberté, & réformer la Religion de leur patrie. Ils solliciterent des concessions dans ce pays, & firent des dépenses immenses pour y fonder des Colonies. De ce nombre furent les Lords Brooke, Say & Seale, les Pelhams, les Hampdens & les Pyms, dont les noms ont brillé depuis sur un plus grand théâtre. On prétend que Matthieu Boynton, William Constable, Arthur Haslerig & Olivier Cromwell étoient sur le point de passer dans la Nouvelle Angleterre, lorsque l'Archevêque Laud, fâché de voir échapper ces victimes de sa haine, obtint un ordre de la Cour pour défendre ces sortes d'émigrations, & empêcher la sortie de cette humeur virulente qui causa depuis sa ruine, celle de son Ordre, de sa Religion, de son Maître & de l'Etat. Il ne put cependant empêcher que la Nouvelle Angleterre ne reçût des renforts considérables;

tant de la part de ceux du Clergé qui avoient perdu leurs poſtes, ou qui ne pouvoient y entrer, pour être non-conformiſtes, que de ceux d'entre les laïques qui avoient embraſſé leurs opinions.

CHAPITRE III.

La différence de Religion cauſe des diviſions dans la Colonie. Maſſachuſet. Connecticut. La Providence. Éſprit de perſécution. Les Quakers perſécutés. Diſputes touchant la Grace.

LA partie de la Nouvelle Angleterre, qu'on appelle la baie de Maſſachuſet, fourmilloit de Colonies tout le long de la côte. Quelques-uns de leurs rejettons furent s'établir dans la Province de Main & New-Hampshire, après avoir été détachés de leur tronc par la perſécution qui étoit le caractere dominant de ceux qui furent s'établir dans la Nouvelle Angleterre. Ceux dont je viens de parler, s'établirent principalement ſur la riviere de Connecticut, & y établirent un Gouvernement ſéparé & indépendant. Quelques perſonnes s'étoient déjà fixées fur les bords de cette riviere, pour fe fouftraire à la tyrannie occafionnée par les difputes de religion, auxquelles donnerent lieu les principes des Colonies de Plymouth & de Maffachufet.

Les habitans de la Nouvelle Angleterre, n'eurent pendant long-temps aucune forme réguliere de gouvernement. La Cour fe mettoit peu en peine d'eux. Ils étoient autorifés par leur Chartre, à établir tel ordre & telles loix qu'il leur plairoit, pourvu qu'elles ne fuffent point contraires à celles d'Angleterre. Ce point n'étoit pas aifé à établir, & on ne prit aucune voie pour le faire. Comme ceux qui compofoient les nouvelles Colonies, étoient pour la plupart des efprits bornés & fanatiques, ils adopterent la police des Juifs prefque à tous égards, & ne fuivirent d'autres loix que celles de Moyfe. Les premieres qu'ils firent, n'eurent point d'autre fondement, & convenoient par conféquent très-peu aux mœurs, au génie & aux circonftances du pays & du temps, pour lefquels elles furent faites, ce qui eft caufe qu'on les a abandonnées depuis.

Tel étoit le Puritain en fait de religion, ainſi que je viens de le dire. Cette ſecte étoit à peine formée en Angleterre, lorſqu'ils en ſortirent, vu que pluſieurs Evêques en étoient; mais ils ne furent pas plutôt en liberté dans l'Amérique, qu'ils commencerent preſque à vivre dans l'indépendance. Chaque Curé étoit, pour ainſi dire, Souverain dans ſon Diſtrict. Il eſt vrai que l'on tint quelques Synodes; mais ils ne ſervoient qu'à préparer & digérer les matieres, & elles n'avoient force de loi, qu'après qu'elles avoient été approuvées par les différentes Egliſes. Ces Synodes ne pouvoient exercer aucune Juriſdiction eccléſiaſtique, ni en fait de doctrine, ni en matiere de diſcipline. Ils n'avoient pas même le pouvoir d'excommunier qui que ce fût; il leur étoit ſeulement permis de rejetter de leur corps, ceux qui avoient des ſentimens contraires aux leurs. Les Magiſtrats aſſiſtoient à ces Synodes, non-ſeulement pour ouir les matieres qu'on y propoſoit, mais encore pour en délibérer & les terminer. On croiroit qu'une pareille forme de gouvernement devoit occaſionner une grande liberté en fait de religion; mais la vérité eſt, qu'on n'en avoit aucune idée. La doctrine de la

tolérance étoit si odieuse à la plupart ;
que la premiere perſécution qui éclata
dans le pays, fut contre un petit nombre de gens qui oſerent avancer que le
Magiſtrat civil ne pouvoit uſer de contrainte en matiere de religion. Après les
avoir tourmentés par toutes les vexa-
tions imaginables, ils les obligerent enfin à ſortir de leur Juriſdiction, & à
s'expatrier. Ces émigrans furent s'établir au Sud, dans les environs du cap
Cod, où ils formerent un nouveau gouvernement conforme à leurs principes,
& bâtirent une ville, qu'ils appellerent
la Providence. Ce gouvernement a été
depuis le quatrieme & le plus petit de
ceux qui compoſent la Nouvelle Angleterre, & on l'a appellée l'Iſle de
Rhode, d'une Iſle de même nom qui en
fait partie. Une perſécution avoit donné
naiſſance au premier établiſſement que
l'on fit dans la Nouvelle Angleterre ;
une ſeconde la donna à de nouvelles
Colonies, qui firent que les habitans ſe
répandirent dans le pays.

Puiſque la modération des ſentimens
avoit occaſionné une pareille perſécution, on ne devoit pas attendre qu'elle
ceſſât par rapport aux autres. A peine
cette premiere Colonie ſe fut-elle établie

dans l'Amérique, que s'étant apperçue
qu'il y avoit parmi elle de faux freres
qui fe fervoient des prieres publiques,
elle les perfécuta fi bien, qu'ils s'efti-
merent heureux de pouvoir retourner
en Angleterre.

. Elle n'eut pas plutôt fongé à faire des
loix, qu'elle en publia cinq en matiere
de religion, lefquelles furent exécutées
avec une rigueur, qui l'emporte à tous
égards fur celle dont on ufa envers les
Puritains, & qui les obligea à fortir
d'Angleterre. Par la premiere de ces
loix, ils privent quiconque n'eft point
membre de l'Eglife établie, de donner fa
voix dans l'élection des Magiftrats. La
feconde condamne au banniffement ceux
qui s'oppofent au quatrieme Commandement, ou qui nient la validité du baptême
des enfans, ou l'autorité des Magiftrats.
La troifieme condamne pareillement les
Quakres au banniffement, & leur défend, fous peine de mort, de rentrer
dans le pays ; & ne fe bornant point
aux coupables, elle défend, fous peine
d'amende, à qui que ce foit, de les ra-
mener dans la province, & de les hé-
berger, ne fût-ce que pour une heure.
La quatrieme condamne au banniffement & à la mort, en cas de retour,

les J... & les Prêtres catholiques Romains, de quelque pays qu'ils puiſſent être. La cinquieme défend le culte des images, ſous peine de mort. Après avoir ainſi compoſé ce Code de perſécution, on ne tarda pas à en faire exécuter les articles. Les Quakres enflammés de cet eſprit qui anime la plupart des Sectes qui commencent à ſe former, avoient répandu leur doctrine dans tous les domaines de la couronne d'Angleterre en Europe, & commençoient à les répandre avec le même zèle dans l'Amérique. Le Clergé & les Magiſtrats de la Nouvelle Angleterre prirent l'alarme, & en firent arrêter quelques-uns qu'ils mirent aux fers & au pilori, ſans que cela produisît aucun effet. Ils les fouetterent, les empriſonnerent, les bannirent; ils traiterent avec la derniere rigueur tous ceux qui s'intéreſſoient à eux; mais leur perſécution ne ſervit qu'à enflammer leur cruauté & le zèle de ces malheureux. La conſtance qu'ils témoignerent dans leurs ſouffrances, inſpira à ceux qui en étoient témoins, de la pitié & de l'eſtime pour leurs perſonnes & pour leur doctrine; leurs proſélytes ſe multiplierent, les Quakres retournoient auſſitôt après avoir été bannis,

nis, & la fureur du parti dominant monta à un tel point, qu'il fe porta aux extrémités les plus fanguinaires. En conféquence de la loi qu'il avoit faite, on faifit en différens temps cinq de ceux qui étoient retournés de leur exil, on les condamna & on les pendit. On ne fçait jufqu'où ils auroient pouffé leur rage, fi un ordre émané du Roi & du Confeil d'Angleterre en 1661, n'y eût mis des bornes, & n'en eût arrêté le cours.

Ce n'eft qu'avec regret que j'infifte fur un fujet auffi trifte & auffi défagréable ; mais à dire vrai, la plus grande partie de l'hiftoire de la Nouvelle Angleterre n'eft remplie que de pareils faits. Ils perfécuterent les Anabatiftes, qui formoient un corps affez confidérable parmi eux, avec la même févérité. En un mot, ces gens qui n'avoient pu fouffrir qu'on les châtiât avec des verges, ne furent pas plutôt fortis de leurs fers, qu'ils déchirerent ceux qui s'étoient réfugiés chez eux, avec des fcorpions, fans confidérer l'abfurdité & l'injuftice de ce procédé.

On obfervera que les fectaires, de quelque efpece qu'ils puiffent être, reftreignent le mot de perfécution, & toutes les idées d'injuſtice & de violence qui y ſont attachées, aux ſévérités qu'on exerce ſur eux, ou ſur leurs partiſans. Ils regardent les châtimens que l'on fait ſubir aux autres, comme une juſte punition de leur impiété & de leur obſtination, & non point comme une violence que l'on fait à leurs conſciences. Nous prenons plaiſir à nous venger ſur notre ennemi de la perſécution que nous avons ſoufferte; & ſi quelqu'un de nos amis ou de nos partiſans eſt aſſez méchant pour abandonner notre cauſe, ou pour l'affoiblir en changeant de ſentiment, nous croyons qu'il mérite un châtiment plus rude que notre ennemi même. D'ailleurs, un zélé ne manque jamais de tirer des dogmes qu'on a ſur la religion, les conſéquences politiques qu'il juge propres à intéreſſer le Magiſtrat à ſa diſpute; & pour lors, au zèle de la religion, ſe joint la fureur du parti. Tout commerce ceſſe entre les deux Parties. Elles s'oublient réciproquement, prêtes à croire les contes les plus abſurdes qu'on leur débite ſur leurs opinions & leurs pratiques. Elles jugent de la haine de leurs adverſaires par la leur, & la crainte leur fait imaginer des injures qu'on n'a jamais fongé à leur faire. Le fouvenir du paffé, la crainte de l'avenir, le mal préfent, tout concourt à les porter aux dernieres extrémités.

Telle eft la maniere dont les partis oppofés en fait de religion fe conduifent les uns à l'égard des autres. Les habitans de la Nouvelle Angleterre n'ont fait dans cette occafion que ce que font les autres hommes, & la févérité dont ils ont ufé, ne porte aucune atteinte à la religion qu'ils profeffent. Il n'y a aucune religion, foit vraie, foit fauffe, qui puiffe excufer fes membres, ni blâmer les autres en fait de perfécution. Elle a les mêmes principes chez tous les hommes, & ces principes influent fur eux entant que tels, & non point autant qu'ils ont telle ou telle croyance. Tous les bigots font naturellement perfécuteurs ; les perfonnes véritablement pieufes font amies de la tolérance, dont la raifon eft, que les premiers ne fe donnant point la peine d'examiner les fondemens de la croyance de leurs adverfaires, la croient fi abfurde & fi monftrueufe, qu'ils ne fe figurent pas qu'un homme de bon fens puiffe l'adopter de fens raffis. Ils s'imaginent qu'ils ont quelque mauvais

motif pour embraſſer une pareille doctrine, & pour la ſoutenir opiniâtrement.
C'eſt là le principe de toutes les ſectes,
& le fondement de toutes les perſécu-
tions.

Indépendamment des diſputes dont
je viens de parler, les indépendans eurent à en ſoutenir une autre dans le ſein
de leur Egliſe, qui la déchira pendant
long-temps. La diſpute ſurannée touchant la Grace & le libre Arbitre, occaſionna des diſſenſions & des alterca-
tions dans la Colonie, qui penſerent
aboutir à une guerre civile. Le fameux
Henri Vane le jeune, homme enthou-
ſiaſte, entêté & turbulent, & d'un aſſez
mauvais caractere, étant arrivé au pays
avec quelques aventuriers, plutôt que
de reſter oiſif, chercha à ſuſciter des
troubles dans la Nouvelle Angleterre
dont les habitans l'avoient nommé Gouverneur. Il n'eſt pas mal-aiſé de concevoir comment un homme, à la tête
d'un pareil peuple, & dans pareilles
circonſtances, mit tout en combuſtion
dans le pays. On en étoit au fort de
la diſpute, lorſqu'ils eurent à ſoutenir
une guerre contre quelques nations Indiennes. Les ennemis entrerent dans le
pays, le ſaccagerent, & maſſacrerent

un grand nombre d'habitans. Ils avoient
une armée fur pied, mais ils ne voulurent jamais confentir qu'elle fe mît en
marche pour défendre leurs perfonnes
& leurs biens, parce que la plupart des
officiers & des foldats étoient convenus
de ne point agir.

CHAPITRE IV.

*Illufion des Fanatiques. Cruautés qu'ils
commettent. Les Magiftrats accufés.
Reflexions.*

LES Puritains de la Nouvelle Angleterre ayant un peu repris haleine, & ne
pouvant plus perfécuter ni les Quakers,
ni les Anabatiftes, tomberent peu de
temps après dans une autre manie beaucoup plus extraordinaire & plus dange-
reufe que la premiere, laquelle fe répandit dans le pays comme une maladie épidémique, & qui eft peut-être une
des illufions les plus étranges, dont il
foit parlé dans l'hiftoire. La Tragédie
commença l'an 1692.

Il y a dans la Nouvelle Angleterre
une ville que les fanatiques ont nommée
Salem, & qui avoit pour Miniftre un

nommé Paris. Ce Miniſtre avoit deux filles ſujettes à des convulſions, leſquelles étant accompagnées de quelques ſymptômes extraordinaires, aſſez fréquens dans ces ſortes de maladies, lui firent croire qu'elles étoient enſorcelées. Convaincu du ſortilége, il voulut en découvrir l'auteur. Il ſoupçonna une ſervante Indienne, & à force de la battre & de la maltraiter, il lui fit avouer qu'elle étoit ſorciere; ſur quoi il la fit mettre en priſon, où elle reſta long-temps.

Le peuple, dont l'imagination n'étoit pas aſſez échauffée pour s'occuper d'une pareille affaire, la fit ſortir de priſon au bout de quelque temps, & la vendit pour eſclave pour ſe payer de la dé-penſe qu'elle avoit faite.

Cependant le bruit de cette aventure s'étant répandu dans le pays, quelques perſonnes, également ſujettes aux convulſions, s'imaginerent qu'elles étoient auſſi enſorcelées. Les malades ſont naturellement curieux de connoître la cauſe de leurs maux, lors ſurtout qu'ils ſont de nature à attirer l'attention du public. Peut-être y avoit-il de la méchanceté dans cette affaire; car le premier objet ſur lequel on jetta les yeux, fut un nommé M. Burroughs, qui, quelque temps auparavant, avoit été Miniſtre à Salem, & qui avoit abandonné ſes ouailles, à l’occaſion de quelques diſputes qui s’éleverent dans le pays. Cet homme fut jugé avec deux autres pour crime de ſortilége, par une commiſſion particuliere, dont on chargea quelques perſonnes des plus apparentes du pays, & qui paſſoient pour avoir le plus d’intelligence. On produiſit contr’eux les preuves les plus foibles, les plus puériles, les plus contradictoires & les plus abſurdes qu’on ait jamais employées dans pareille occaſion. Ce fut cependant ſur ces preuves, & ſur le rapport auquel elles donnerent lieu, que ces Juges condamnerent ces trois innocens à être pendus, & leur Sentence fut auſſitôt exécutée. On dépouilla enſuite ces trois victimes de la fureur populaire, & on jetta leurs corps dans une foſſe à demi couverte de terre, où ils ſervirent de pâture aux oiſeaux de proie & aux bêtes féroces. Seize autres ſubirent peu de temps après le même ſort, & moururent dans les ſentimens de piété les plus édifians, proteſtant juſqu’au dernier ſoupir de leur innocence. Un homme ayant refuſé de plaider contre eux, fut pareillement condamné à la mort, avec cette différence qu'on la prolongea pour la rendre plus cruelle. Ces exemples effrayans firent une telle impreſſion ſur l'eſprit des habitans, qu'ils ne s'occupoient du matin au ſoir que d'idées triſtes & lugubres. Les actions les plus innocentes paſſoient pour des cérémonies magiques, & la fureur du peuple ſe reſſentit de la chaleur de ſon imagination. L'embraſement ſe répandit avec une rapidité extraordinaire. La foibleſſe de l'âge, ni les infirmités de la vieilleſſe, ni l'honneur du ſexe, ni la dignité du miniſtère, ni la naiſſance, ni la fortune ne pouvoient mettre à couvert de la rage de ces fanatiques. On faiſoit mourir des enfans de onze ans, pour crime de ſortilége. On dépouilloit ſans pudeur les femmes, pour découvrir ſur elles des preuves de leurs crimes. Les taches ſcorbutiques, auxquelles les vieillards ſont ſujets, paſſoient pour des pinces du démon; il n'en falloit pas davantage pour les condamner à la mort. Il n'y avoit point de bruit, quelque vague qu'il fût, point d'hiſtoire de ſpectres & de phantômes qui ne trouvât crédit dans l'eſprit du peuple.

Au défaut de témoins, on avoit recours à la torture ; de maniere que plusieurs de ces malheureuses victimes étoient contraintes par la force des tourmens, d'avouer les crimes qu'il plaisoit à leurs bourreaux de leur dicter. Quelques femmes confesserent qu'elles étoient enceintes du diable, & quantité d'autres choses également abominables & absurdes.

Il est aisé d'imaginer dans quel état déplorable devoit être une province où la vie des habitans dépendoit du caprice & de la folie d'une troupe de fanatiques & de forcenés, où la vengeance & la méchanceté avoient tous les jours occasion de déployer leur rage, par le moyen d'un instrument aussi commode, & d'autant plus dangereux, qu'il étoit aiguisé par la phrenésie publique. Le pire fut, que les malheureux que l'on mettoit à la torture n'étant pas moins contraints de s'avouer coupables, que de découvrir leurs associés & leurs complices, nommoient au hazard quantité de gens, que l'on arrêtoit aussitôt, & que l'on faisoit mourir sans forme de procès. La terreur & la consternation devinrent générales. Quelques-uns prévinrent leur accusation, & échapperent

à la mort, en s'avouant coupables de
fortilége. D'autres abandonnerent la
province, & un plus grand nombre encore furent fur le point de s'expatrier.
Les prifons étoient remplies ; il n'y
avoit point de jour qui ne fût marqué
par quelque exécution ; cependant la
rage des accufateurs ne fe laffoit point,
& le nombre des forciers & des enfor-
celés alloit toujours en augmentant.
Un Magiftrat, qui avoit fait arrêter
quarante perfonnes accufées de ce crime, laffé d'un emploi auffi défagréable,
& honteux de l'exercer plus long-temps,
refufa de donner de nouveaux ordres.
On l'accufa auffitôt de fortilége, & il
s'eftima heureux d'abandonner fa fa-
famille & fa fortune, & d'en être quitte
pour un banniffement. Des Jurés, perfuadés de l'innocence d'une femme qu'on
leur avoit préfentée, s'étant avifés de
l'abfoudre, les Juges la leur renvoye-
rent, & les forcerent d'une maniere
impérieufe à la trouver coupable, &
elle fut auffitôt pendue.

Les Magiftrats & les Miniftres, loin
de s'employer à guérir cette maladie,
& à en arrêter le cours, ne firent que
l'enflammer davantage. Ils encourage-
rent les délateurs, affifterent aux exa-

mens, & extorquerent la confeſſion des accuſés. Celui qui ſignala le plus ſon zèle dans cette occaſion, fut William Phips natif & gouverneur de la Nouvelle Angleterre, dont l'éducation répondoit à la baſſeſſe de ſa naiſſance. Cet homme s'étant élevé par un pur accident, fut fait Chevalier & enſuite Gouverneur de cette province. Les Docteurs Encreaſe Mather, & Cotton Mather, qu'on regardoit comme les piliers de l'Egliſe de la Nouvelle Angleterre, n'étoient pas moins ſanguinaires. On avoit déjà fait vingt exécutions, lorſque quelques Miniſtres vinrent remercier M. William Phips de la conduite qu'il avoit tenue, & l'exhorterent à perſiſter dans une œuvre auſſi louable.

Les délateurs ſe voyant ainſi encouragés, ne garderent plus aucune borne; mais ils manquoient d'objets. Ils commencerent enfin à accuſer les Juges mêmes. Le pire fut, que les plus proches parens de M. Encreaſe Mather furent compliqués dans ces accuſations, & que même la famille du Gouverneur fut ſoupçonnée de ſortilége. Il étoit temps que les affaires priſſent une autre face. Les accuſateurs furent intimidés. On élargit cent cinquante priſonniers, deux cens qu’on avoit accuſés, furent renvoyés abſous, & ceux qu’on avoit condamnés à mort, obtinrent un répit. Quelques momens de ſang froid leur firent ſentir l’erreur groſſière & ſtupide dans laquelle ils étoient tombés, & que la fureur de la perſécution les avoit empêchés d’appercevoir. Ils furent honteux de ce qu’ils avoient fait ; mais ce qui les mortifia encore plus, fut que les Quakers attribuerent cela à un juſte châtiment du Ciel, pour la perſécution qu’ils avoient ſoufferte. On ordonna un jeûne Général accompagné de prieres publiques, dans leſquelles on demanda humblement pardon à Dieu des fautes que le peuple & ſes Miniſtres avoient commiſes à la ſollicitation de Satan & de ſes ſuppôts.

Ce fut là le dernier accès de l’enthouſiaſme des Puritains dans la Nouvelle Angleterre. Cet accès évacua ſi bien cette humeur, que ſes habitans ne different aujourd’hui preſque en rien des autres peuples, & ont entiérement renoncé à cet eſprit de perſécution qui les dominoit.

Il eſt plus utile qu’on ne penſe de conſidérer ces ſortes d’écarts de l’eſprit

humain. Des nations entieres font fouvent entraînées par des chofes qui ne
feroient pas la moindre impreffion fur
un homme de bon fens. Leur caufe eft
ordinairement foible dans fon principe,
& il feroit facile de la détruire ; mais
c'eft cette foibleffe même qui fait qu'on
la néglige, & qu'on ne fe met en devoir d'y remédier, que lorfqu'il n'eft
plus temps, & que le mal eft fait. Dans
ces fortes d'occafions, plus une hiftoire
eft abfurde, puérile & contradictoire,
plus elle produit d'effet, étant appuyée
par la méchanceté des uns, la folie des
autres, & entretenue par la contagion
qui s'empare des e'prits. Plus un deffein eft extraordinaire, plus un crime
eft atroce, moins on fe met en peine
d'en examiner les preuves. On ne met
aucune différence entre l'accufation &
la conviction, mais au bout de quelque temps, & lorfque l'efprit eft rentré
dans fon affiete, on eft furpris & honteux de la conduite qu'on a tenue.

CHAPITRE V.

Situation, Climat, &c. de la Nouvelle Angleterre. Description du bled d'Inde. Troupeaux de la Nouvelle Angleterre.

LES événemens dont il est parlé dans l'histoire de la Nouvelle Angleterre, les disputes de ses habitans avec leurs Gouverneurs, les variations de leurs chartres, & les guerres qu'ils ont eues avec les Indiens, font une matiere si peu agréable & si peu instructive, qu'elle ne mérite pas la peine qu'on s'y arrête. Leurs guerres ont été fort mal conduites; & quoiqu'ils soient venus à bout d'extirper en quelque sorte cette race d'hommes, cela n'empêche pas que les Indiens n'ayent eu de grands avantages sur eux dans le commencement, & que les Anglois n'ayent pris de très-fausses mesures pour s'opposer à leurs incursions. On peut encore ajouter à cela que la conduite qu'ils ont tenue avec eux, a peut-être autant contribué que les sollicitations de la France, aux guerres qu'ils ont eu à soutenir depuis contre ce peuple.

Le pays que nous appellons la Nou-velle Angleterre, a environ trois cens mille de long, & deux cens de large, si nous pouſſons juſqu'aux contrées qui ſont ſous la domination des François; mais nous bornant à la partie dont nous ſommes les maîtres, il n'a pas plus de ſoixante milles d'étendue, à compter depuis la côte.

Ce pays eſt ſitué entre le quarante-uniéme & le quarante-cinquieme degré de latitude Septentrionale. Quoiqu'il ſoit environ dix degrés plus près du ſoleil que nous ne le ſommes en An-gleterre, cela n'empêche pas que l'hy-ver n'y commence de meilleure heure, & qu'il n'y ſoit plus long & incompa-rablement plus froid. L'été y eſt infini-ment plus chaud que dans les contrées d'Europe qui ſont ſous les mêmes paralle-les; cependant la chaleur & le froid y ſont aujourd'hui plus modérés, & le climat plus ſain à tous égards, qu'il ne l'étoit lorſque les Anglois y arriverent. A me-ſure qu'on a coupé les bois & défriché le terrein, l'air trouvant plus de facili-té à circuler, a emporté ces vapeurs nuiſibles qui étoient ſi préjudiciables à la ſanté de ſes habitans. Le Ciel y eſt preſque toujours ſerein, tant en été qu'en hyver. On est souvent deux mois entiers sans voir le moindre nuage. Les pluies y sont abondantes, mais de courte durée.

Le sol de la Nouvelle Angleterre varie beaucoup ; mais sa bonté augmente à mesure qu'on approche du Midi. Les vallées y sont excellentes, & il fournit presque par tout de très-bons pâturages. On compte communément deux acres de terrein pour chaque tête de gros bétail. Les meilleures prairies produisent environ une tonne de foin par acre. Quelques-unes en donnent deux, mais le foin ne vaut rien. Ce pays n'est point favorable à aucune espece de grain d'Europe. Le froment est sujet à se brouïr, l'orge à se dessécher, & l'avoine à donner plus de paille que de grain. Le bled d'Inde y vient à merveille, & sert de nourriture au bas peuple. Comme ce grain est peu connu en Angleterre, & que c'est cependant celui qui se multiplie le plus, je crois devoir en donner une courte description.

Cette plante, que les naturels du pays appellent *weachin*, est connue dans quelques contrées méridionales du Nouveau Monde, sous le nom de maiz. L'épi a environ une palme de long,

& est composé de huit rangs de bled,
ou plus suivant la bonté du terrein,
dont chacun contient environ trente
grains. L'épi est surmonté d'une espece de fleur en forme de houpe, de
différentes couleurs, blanche, bleue,
verdâtre, noire, tachetée, rayée, laquelle forme un coup d'œil charmant.
Le grain tient des couleurs qui domi-
nent dans la fleur; mais il est pour l'ordinaire jaune ou blanc. Les tiges ont
sept à huit pieds de haut, & sont fort
épaisses. Elle sont moins hautes dans la
Nouvelle Angleterre, & dans les autres
contrées du Nord, que dans la Virginie & dans les climats plus méridionaux.
Elles sont garnies de nœuds comme le
roseau, & il sort de chacun des feuilles
pareilles à celles du glayeul, dont le bétail est extrêmement friand. La tige contient un suc, dont on fait un syrop aussi
doux que le sucre.

On seme ordinairement ce grain par
petits quarrès, & il demande d'être
cultivé avec soin. Il aime les terreins
légers & sablonneux, mêlés de terre
glaise. Il faut un picotin de semence
pour chaque acre de terre, qui, année
commune, rapporte environ vingt-cinq
boisseaux. Les habitans de la Nouvelle

Angleterre font non-feulement du pain
de ce grain, mais encore d'affez bonne
biere. Cependant la plus grande partie
de leur biere eft faite avec de la melaffe
houblonnée, avec laquelle on met quelquefois infufer des fommités de fapin.

On cultive dans la Nouvelle Angleterre, outre ce grain & quelques autres, une grande quantité de lin. On a
même fait quelques effais fur le chanvre, qui ont affez bien réuffi. Un acre
de terre fumée avec du fumier de va-
che, rapporte environ une tonne de
lin, mais le terrein s'épuife en très-peu
de temps. Il y a toute apparence que
cette plante demande un climat plus
chaud que celui de la Nouvelle Angleterre ; car, quoique nous tirions la
plus grande partie de nos chanvres des
pays du Nord, le meilleur vient cependant dans les provinces Méridionales
de la Ruffie.

Il y a quantité de bêtes à cornes dans
la Nouvelle Angleterre, dont quelques-
unes font extrêmement groffes. On y a
tué des bœufs qui pefoient jufqu'à mille
huit cens livres. Les cochons y font auffi
très-nombreux & excellens, & il y en
a dont les jambons pefent vingt-cinq
livres. Les habitans ont encore une race

de petits chevaux très-propres pour la fatigue. Ils ont le pas naturel quoiqu'un peu dur, & ils marchent fi vîte & fi long-temps, qu'il faut l'avoir vu pour le croire. Ils ont auffi grand nombre de moutons de très-bonne efpece. Leur laine eft de bonne longueur, mais moins fine que celle d'Angleterre, ce qui n'empêche point qu'ils n'en tirent un très-bon parti. J'ai vu des draps du pays d'un auffi bon tiffu que les nôtres. Il eft vrai qu'ils étoient moins fins, mais ils n'en valoient que mieux pour l'ufage des gens de la campagne.

CHAPITRE VI.

Des habitans de la Nouvelle Angleterre. Leur nombre. Hiftoire des Chartres des Colonies.

IL y a dans ce pays quantité de gens extrèmement riches en fonds de terre, qu'ils afferment, ou qu'ils font valoir eux-mêmes par des régiffeurs ou des économes ; mais la plupart des habitans font de riches payfans, qui font valoir leurs biens, fans compter fur perfonne autre que la providence & leur induf-

trie. Ces franc-aleux paſſent ordinairement après leur mort à leurs enfans qui
les partagent par égale part, ce qui fait
qu'ils reſtent toujours dans la médiocrité ; mais il en réſulte un très-bon effet, qui eſt que cela engage les habitans
à aller s'établir dans les cantons qui ſont
encore en friche, où les terres ſont à
meilleur marché. Ces franc - aleux ,
joints à la forme du Gouvernement,
font que le peuple de la Nouvelle Angleterre a le génie tout à fait républicain. Il n'y a point de pays au monde
où les gens de commerce ayent plus de
liberté, & vivent plus à leur aiſe. Ils
s'exercent dès leur enfance au maniment
des armes , & ils ont une milice qui,
en tant que telle , n'eſt point du tout à
mépriſer. Si elle étoit mieux diſcipli-
née, & mieux entretenue, ce ſeroit la
meilleure qu'il y eût au monde. La Nouvelle Angleterre eſt beaucoup mieux
peuplée qu'aucune autre Colonie que
nous ayions dans le Continent. On prétend que les quatre provinces qui la
compoſent, contiennent environ trois
cens cinquante-quatre mille ames, y
compris un petit nombre de noirs &
d'Indiens ; le reſte des habitans eſt
blanc. Douglaſſ, qui paroît très-verſé

dans cette matiere, établit la proportion suivante.

Baie de Maſſachuſet . . .	200000
Connecticut	100000
Iſle de Rhode	30000
New-Hampshire	24000
	————
TOTAL	354000

Ces quatre Gouvernemens ſont unis
entr'eux pour leur défenſe commune.
On a vu ci-deſſus la maniere dont ils
ſe ſont formés. Le plus conſidérable
pour ſes richeſſes & le nombre de ſes
habitans, quoique le moins étendu, eſt
la baie de Maſſachuſet. Cette province, de même que les autres, avoit
autrefois le droit d'élire ſes Magiſtrats,
ſon Gouverneur, les membres qui com-
poſoient le Conſeil & l'Aſſemblée, &
de faire telles loix qu'elle jugeoit à propos, ſans être obligée d'en obtenir la
permiſſion de la Couronne. Mais ſur la
fin du regne de Charles II, ayant été
accuſée d'avoir abuſé de ce privilége,
elle en fut dépouillée par un Jugement
in à quo warranto, rendu au banc royal
en Angleterre. Depuis ce temps-là juſqu'à la révolution, elle reſta ſans chartre. Elle en reçut une quelque temps

après, qui, bien que favorable, limi-
toit les priviléges qui lui avoient été
accordés par la premiere qui, en effet,
étoient trop étendus pour une Colonie.
Mais aujourd'hui le Gouverneur, son
Lieutenant & les principales charges
de judicature & de finance, de même
que les emplois militaires, font à la nomination de la Cour ; & quoique le
Conseil soit choisi par les représentans
du peuple, cependant le Gouverneur a
voix négative, ce qui lui donne une
influence suffisante pour conserver la
prérogative dans son entier. Les appels
pour les sommes au-dessus de trois cens
livres sterlings, font renvoyés au Roi
& au Conseil, de même que les loix
qu'on juge à propos de faire ; & si la
Couronne ne s'y oppose point dans l'espace de trois ans, elles font censées valides, & ont leur entier effet, ce qui a
pareillement lieu jusqu'à ce qu'on sache
la résolution de Sa Majesté. Mais il y
a un article qui a été long temps dé-
battu dans cette Colonie, c'est celui des
honoraires que l'on devoit donner au
Gouverneur. On a fait tout au monde
pour déterminer les habitans à entrer
dans les vues de la Cour ; mais sans
pouvoir y réussir. Le ministere a cru

qu'il n'y avoit point de moyen plus efficace pour empêcher le Gouverneur de
fouler le peuple, que de laiffer les appointemens à la difpofition de ce dernier.
Le Gouvernement de Maffachufet comprend l'ancienne Colonie de Plymouth
& le teritoire qu'on appelle Main.

La Colonie de Connecticut, qui eft
fituée fur une riviere de même nom,
au midi de cette province, a confervé
fes anciens priviléges, & ils font aujourd'hui auffi confidérables que l'é-
toient autrefois ceux de Maffachufet.
Dans le temps que la chartre du premier fut attaquée, celle de ce Gouvernement faillit avoir le même fort. Mais
les habitans s'étant foumis au bon plaifir du Roi, on ne rendit aucun Jugement contr'eux; & s'étant trouvés dans
cet état lors de la révolution, on crut
qu'ils avoient confervé leur ancienne
chartre, & les chofes en font reftées là.

La troifieme & la plus petite des
provinces qui compofent la Nouvelle
Angleterre, eft l'Ifle de Rhode, laquelle confifte dans une petite Ifle de
ce nom, & l'ancienne plantation de la
Providence. Ces plantations réunies ont
la même chartre que celle de Connecticut, & l'ont confervée par la même

méthode. On jouit dans cette province d'une liberté de confcience conforme aux premiers principes de fa fondation, d'où vient que quoique petite, elle eſt extrêmement peuplée.

New-Hampshire, la quatrieme province, eſt la plus grande de toutes, & la moins peuplée à proporrion. Elle eſt beaucoup plus au Nord qu'aucune des autres. C'eſt un Gouvernement Royal, je veux dire que c'eſt la Couronne qui nomme tous les Officiers, tant civils que militaires, de même que les membres qui compoſent le Conſeil.

CHAPITRE

CHAPITRE VII.

*Port de Boſton. Son commerce. Conſtruc-
tion des vaiſſeaux. Commerce étranger. Réflexions ſur le projet qu'on
avoit formé de le limiter. Décadence
du commerce de la Nouvelle Angleterre.*

Il n'y a aucun de nos établiſſemens
qui puiſſe être comparé à la Nouvelle
Angleterre pour le nombre de ſes habitans, la multitude de ſes villes commerçantes, & la quantité de manufactures qu'on y a établies. Les contrées
les plus peuplées & les plus floriſſantes
d'Angleterre ne l'emportent pas de
beaucoup ſur elle. Nos provinces Méridionales ſont recommandables par la
douceur du climat, & la fertilité du terrein, qui produit naturellement quantité de végétaux précieux ; mais la Nouvelle Angleterre tient le premier rang
dans l'Amérique, pour la culture, le
nombre de ſes habitans, & l'ordre qui
réſulte de l'un & de l'autre.

Quoiqu'il y ait dans toutes les provinces de la Nouvelle Angleterre, plu-

fieurs grandes villes commerçantes, la
feule qui mérite l'attention du lecteur
dans un ouvrage tel que celui-ci, eft
Bofton, Capitale de la baie de Maffachufet, la premiere de la Nouvelle Angleterre & de toute l'Amérique Septentrionale. Cette ville eft fituée fur
une Peninfule, au fond d'un très-beau
Port, lequel eft garanti de la violence
des flots, par un grand nombre d'ifles
& de rochers qui paroiffent au-deffus
de l'eau. On ne peut y entrer que par
une feule embouchure, encore eft-elle
étroite & défendue par l'Artillerie d'une
Fortereffe réguliere & très-bien bâtie.
Le Port eft plus que fuffifant pour le
grand nombre de vaiffeaux qui font le
commerce de Bofton. Il y au fond de la
baie un très-beau mole, d'environ deux
cens pieds de long, fur lequel on a bâti
du côté du Nord un rang de Magafins.
La tête de ce mole vient aboutir à la
principale rue de la ville, laquelle,
de même que la plupart des autres, eft
fpacieufe & très-bien bâtie. La ville eft
au fond du Port, & forme une perfpec-
tive des plus agréables. Il y a un Hôtel-
de ville où le Confeil & les marchands
s'affemblent, dont l'architecture eft réguliere & d'affez bon goût. Il y a tout

au tour de la bourſe quantité de bou-
tiques de Libraires parfaitement bien
fournies , qui font aller juſqu’à cinq
preſſes. On compte dix Egliſes dans la
ville , & plus de vingt mille habitans.

Pour ſe former une idée de l’opulence
de cette ville, il eſt bon d’obſerver que,
depuis la Noël de 1747 , juſqu’à celle
de 1748 , il ſortit cinq cens vaiſſeaux
de ce Port, & qu’il y en entra quatre
cens trente , ſans compter une infinité
d’autres pour la côte & pour la pêche,
dont on prétend que le nombre eſt auſſi
grand. Ce qui fait la grandeur du commerce de la Nouvelle Angleterre eſt,
qu’indépendamment des productions
qu’elle tire de ſon ſein, les habitans
de cette contrée font en quelque ſorte
les Courtiers de toutes les Colonies de
l’Amérique Septentrionale & des Indes
Occidentales , & même de quelques
parties de l’Europe. On peut les conſidérer à cet égard comme les Hollandois de l’Amérique.

Les marchandiſes que cette contrée
fournit, font principalement les mâts
& les vergues pour les vaiſſeaux du Roi,
la poix, le goudron , la térébenthine, les
planches, le bois de charpente, toutes
ſortes de proviſions, telles que le bœuf,

le porc, le beurre & le fromage ; des chevaux, du bétail, du bled d'Inde, des pois, du cidre, des pommes, du lin & du chanvre. Leur commerce de pelleteries est peu de chose. Il y a sur la côte une pêcherie de merluche considérable, qui occupe quantité de gens, & ils transportent tous les ans plus de trente mille quintaux de morue choisie en Espagne, en Italie, & dans la Méditerranée, & environ dix-neuf mille quintaux de rebut dans les Indes Occidentales, pour la nourriture des négres. La quantité de liqueurs spiritueuses que l'on distille à Boston, des melasses qu'on y apporte de toutes les contrées des Indes, est aussi surprenante que le bas prix auquel on la vend. Elles valent environ deux schelins le gallon. Ils en fournissent à toutes nos Colonies de l'Amérique Septentrionale, aux Indiens du pays, aux vaisseaux qui vont à la pêche de Terre-Neuve, & même à ceux qui font le commerce d'Afrique ; mais leur rum n'est pas fort estimé.

C'est presque la seule de nos Colonies où il y ait des fabriques de draps & de toiles. Ils ont autant de draps qu'il leur en faut pour s'habiller. Ils font grossiers, mais d'un bon tissu, ce qui

fait qu'ils résistent à la fatigue. On prétend qu'un nombre de Presbytériens
établis dans les provinces Septentrionales de l'Irlande, en ayant été chassés
par la tyrannie de leurs Seigneurs, se
réfugierent dans la Nouvelle Angleterre, & y apporterent les fabriques de
toiles, & qu'y ayant trouvé de l'encouragement, elles s'y multiplierent en peu
de temps, ce qui a été fort avantageux
à la Colonie. On y en fabrique aujour-
d'hui de fort bonnes & en grande quantité. Leur principal établissement est
dans une ville à laquelle ils ont donné
le nom de Londonderry. On fabrique
dans la Nouvelle Angleterre des chapeaux qu'on envoie par contrebande
dans toutes nos Colonies. Ils ne pouvoient absolument se passer de ces ma-
manufactures ; car n'ayant aucune marchandise d'étape qu'ils pussent débiter
en Angleterre, & manquant d'ailleurs
de ressources, il falloit, ou qu'ils aban-
donnassent le pays, ou qu'ils se servis-
sent de leur industrie pour se procurer
les choses nécessaires à la vie. Cette
même nécessité, jointe à la commodité
qu'ils ont de pouvoir construire des
vaisseaux & les équiper, a fait qu'ils

font devenus, pour ainſi dire, les pour-
voyeurs des autres Colonies.

Les habitans du Boſton & des autres
Ports de la Nouvelle Angleterre, s'a-
donnent principalement à la conſtruction des vaiſſeaux. On y en conſtruit
quelquefois par commiſſion ; mais pour
l'ordinaire les marchands les font conftruire pour leur propre compte ; & après
les avoir chargées des denrées du pays,
de munitions de mer, de poiſſon &
ſurtout d'huile de poiſſon, il les envoient
en Eſpagne, en Portugal, ou dans la
Méditerranée, où ayant vendu leur cargaiſon, ils les frettent juſqu'à ce qu'ils
trouvent l'occaſion de les vendre. Ils
reçoivent alors le montant du vaiſſeau,
de même que celui du fret des marchandiſes qu'ils chargent de temps à autre,
& de la premiere cargaiſon qu'ils ont
faite, en lettres de change ſur Londres ;
car, comme les habitans de la Nouvelle
Angleterre n'ont pas d'autres moyens
pour rembourſer plus de cent mille livres ſterlings qu'ils doivent à l'Angleterre, pour différens effets qu'ils en tirent, que quelques munitions de mer,
qui ne ſont pas même en grande quantité, ils ſont obligés de tenir la balance
à-peu-près égale par ce commerce cir-

culaire qui, bien qu'il ne se fasse pas directement avec la Grande-Bretagne, ni par des vaisseaux Anglois, ne laisse pas que d'être avantageux au Royaume, puisqu'il y fait entrer l'argent des Colonies.

Bien de gens blâment ce commerce, en ce que les habitans de la Nouvelle Angleterre, non contens de débiter leurs denrées, débitent aussi celles des autres Colonies, particuliérement de la Virginie & de Maryland, dont ils tirent leur tabac qu'ils transportent chez l'étranger, quoique cela soit expressément défendu par l'acte de la navigation; d'où il arrive que, n'étant point assujettis aux mêmes charges que les marchands Anglois, ils absorbent entiérement le commerce. Ils ajoutent encore que nos Colonies à sucre se plaignent hautement, que le commerce immense que la Nouvelle Angleterre fait avec la France & la Hollande, avec lesquelles elle échange ses bois, son bétail & ses provisions pour du sucre des Isles Françoises & Hollandoises, particuliérement des premieres, joint aux avantages que ces Isles possédent, diminue le prix de celui de nos Colonies. Que les retours qu'ils tirent de

ces Ifles étant en fucre, ou en productions tirées du fucre, comme fyrops,
melaffes, le rum qu'ils en tirent, empêche la vente du nôtre. Que ce commerce eft défavantageux à nos Ifles à
fucre pour deux raifons ; la premiere,
en ce qu'il met les François en état de
laiffer leurs fucres à meilleur marché
qu'ils ne le feroient ; & la feconde, en
ce qu'il leur fournit le moyen de débiter leurs melaffes & leurs fucres de
rebut, qu'ils ne fçauroient où placer
fans cela, parce que le rum empêche
le débit de l'eau-de-vie, qui fait une
branche confidérable du commerce de
France.

Ces confidérations obligerent les Ifles
à prier le Miniftere d'Angleterre que l'on
défendît l'exportation du bois, &c. dans
les Colonies Françoifes, de même que
l'importation de leurs fucres & de leurs
melaffes. Le cas étoit certainement épi-
neux. D'un côté, les progrès des Colonies Françoifes avoient de quoi nous
alarmer, & il n'étoit pas croyable que
les François euffent jamais fermé les
yeux fur ce commerce, s'ils n'y avoient
trouvé leur avantage. D'un autre côté,
les Colonies du Nord déclarerent, qu'au
cas qu'on leur ôtât cette branche de leur

commerce , elles feroient contraintes
d'établir des manufactures. Que fi on
leur interdifoit le commerce avec les
étrangers , elles ne pourroient tirer
d'Angleterre quantité de chofes dont
elles avoient befoin pour fournir au luxe
& aux befoins de la vie. Que d'ailleurs
les François ne tirant plus du bois de la
Nouvelle Angleterre, ils en feroient venir de leurs Colonies, & que dans ce cas,
les habitans de ce pays fouffriroient un
préjudice confidérable.

On difcuta ces points de part & d'autre, & le Gouvernement prit un milieu
qui fut de ne point défendre entiérement
l'exportation des bois dans les Ifles Françoifes, mais de mettre un impôt confidérable fur le rum, les fucres & les melaffes qu'on en tireroit, afin d'augmenter le prix des bois & des autres chofes
dont les François ne peuvent fe paffer ,
& les empêcher de mettre les plantations
de fucre Angloifes fur le même pied que
les leurs.

Ce réglement étoit certainement fort
fage. On objecta, il eft vrai, que la
navigation du Miffiffipi étoit fi mauvaife, qu'il n'y avoit pas d'apparence
que les François puffent jamais en tirer
du bois & des provifions; qu'il n'y avoit

point de neige dans la Louiſiane, dont la fonte pût faciliter le tranſport du bois ſur cette riviere ; mais que nonobſtant cela, il y auroit de l'imprudence à empêcher un commerce qui employoit un ſi grand nombre de vaiſſeaux & de matelots. Qu'il étoit arrivé mille fois que des peuples qu'on avoit appauvris, ſe voyant preſſés par le beſoin, étoient devenus plus actifs & plus induſtrieux, & avoient fait des choſes auxquelles on ne s'attendoit point, & dont on avoit eu lieu de ſe repentir dans la ſuite.

Quoique la neige ſoit rare dans les contrées Méridionales de la Louiſiane, il en tombe aſſez dans celles du Nord, pour que le Miſſiſſipi & les autres rivieres qui s'y jettent, débordent toutes les années, de maniere qu'on ne ſçauroit manquer de bois de conſtruction. Il eſt vrai qu'on a preſque toujours le vent contraire en allant aux Iſles Françoiſes, ce qui rend le voyage plus long & les marchandiſes plus coûteuſes ; mais ne vaut-il pas mieux qu'ils les tirent à meilleur marché de nous, que s'il leur en coûtoit davantage pour les faire venir de leurs Colonies ? D'ailleurs, cette difficulté eſt moins grande qu'on ne ſe l'imagine, & n'obligeroit jamais les

François à vendre leurs sucres au même prix que les nôtres, parce que nos Colonies font accablées d'impôts, & gémissent sous le poids d'une infinité d'abus, auxquels vraisemblablement on ne remédiera jamais, partie par leur faute, & partie par celle du Ministere d'Angleterre. J'ajouterai à cela, que ce n'est point en gênant le commerce, mais en l'encourageant que l'on peut remédier aux maux qu'elles souffrent, & les mettre de pair avec celles des François.

Je conviens que la permission que les François nous donnent de commercer avec leurs Colonies, prouve qu'ils y trouvent leur avantage; mais n'y trouvons-nous pas aussi le nôtre? À quoi donc serviroit le commerce? D'ailleurs il n'est pas sûr, comme on l'a prétendu, que si nous ne prenions point leurs sucres de rebut, ils ne sçauroient qu'en faire. Si le Conseil de commerce s'appercevoit que ce trafic ne nuit point à la vente de leur eau-de-vie, & qu'il voulût faire celui du rum, s'il voyoit, dis-je, que ses Colonies perdiffent à ne point employer leurs denrécs, il n'est pas douteux que la Cour leur permettroit de distiller du rum & de le débiter de façon qu'il ne nuisît point à la

vénte des eaux-de-vie de France ; &
pour lors, au lieu de nous envoyer leurs
melasses, comme ils pourroient les distiller à meilleur compte que nous, ils
nous en enverroient l'esprit ; & nous
verrions dans ce cas là, par expérience,
surtout dans cette partie du monde,
combien il est difficile d'empêcher la
contrebande, lorsque les particuliers
sont intéressés à la faire par le profit
qu'ils y trouvent.

Après tout, sommes-nous bien sûrs
que les François comptassent beaucoup
sur les secours de la Louisiane & du Canada ? Ne donneroient-ils pas toute leur
attention au cap Breton ? n'essayeroient-
ils pas de tirer du bois de Cayenne? Ils
mettroient sûrement toutes sortes de
moyens en usage, & quelqu'un leur
réussiroit. Ce n'est point une baga-
telle que de gêner le commerce, & la
chose mérite une attention sérieuse. On
doit prendre garde s'il est de notre intérêt de sacrifier les avantages d'une partie de nos territoires à ceux d'un autre ;
& l'on se tromperoit lourdement, si l'on
s'imaginoit que les vaisseaux, les matelots, les denrées & les richesses des
Colonies Angloises, ne sont point les
mêmes que celles de la Grande-Bre-

tagne. Il nous en eſt ſouvent méſarrivé pour avoir penſé le contraire.

Il me paroît que le plan général que nous devons ſuivre par rapport au commerce de nos Colonies, eſt d'encourager dans chacune quelques articles diſtincts & ſéparés qui, ſans préjudicier les uns aux autres, les mettent en état d'entretenir un commerce réglé, qui tourne à l'avantage de l'Angleterre ; & dans le cas où nous avons des rivaux dans quelque branche de commerce de nos Colonies, de les mettre en état d'envoyer en droiture leurs effets chez l'étranger, en employant en même temps la ſage précaution dont uſent les François, qui eſt d'obliger les vaiſſeaux à relâcher à leur retour dans les ports d'Angleterre, de crainte qu'ils ne prennent des marchaniſes étrangeres, à quoi on ne ſçauroit veiller avec trop d'attention. Il conviendroit encore qu'on les empêchât de charger des marchandiſes qui peuvent nuire au débit des nôtres ; ce n'eſt que par rapport à ces deux points que je voudrois que l'on gênât le commerce, non point en uſant de violence, il y auroit de l'injuſtice à le faire, mais en faiſant enſorte qu'ils ne priſſent que de celles dont nous ne pou-

vons abfolument nous paffer. Au moyen
de ce que je propofe , la Grande-Bretagne & fes Colonies n'auroient plus
qu'un même intérêt , elles agiroient de
concert ; & le commerce devenant plus
étendu , il nous feroit beaucoup plus
avantageux, que fi fes différens articles
nous appartenoient en propre.

J'ai hazardé ces réflexions fur la contrainte du commerce , parce que celui
de la Nouvelle Angleterre a infiniment
plus befoin d'être encouragé que d'être
gêné. Il eft vifiblement déchu dans plufieurs de fes branches, & cette circonftance doit nous intéreffer vivement ;
car cette Colonie nous eft extrêmement
précieufe , vu qu'elle fert de barriere
aux autres, & qu'elle eft le principal
magafin de nos Indes Occidentales dont
nous tirons de fi grands avantages. Je
juge du déclin de cette Colonie , par
celui d'une des principales branches de
fon commerce , fçavoir, la conftruction
des vaiffeaux pendant quatre années.
On conftruifit en 1738 à Bofton quarante-un vaiffeaux du port en tout de
fix mille trois cens vingt-quatre ton-
naux. On n'en conftruifit que trente en
1743, vingt en 1746, & 15 en 1742,
dont le port total fe montoit à deux

mille quatre cens cinquante tonneaux, ce qui fait une diminution étonnante. J'ignore ce qui s'eſt paſſé depuis ; mais en ſuppoſant que les choſes en ſoient reſtées là, c'en doit être aſſez pour nous engager à rechercher la cauſe de cette diminution, & à prendre les meſures convenables pour rétablir les affaires de cette province, ſurtout ſi elles ſe ſont dérangées par notre faute.

CHAPITRE VIII.

Nouvelle York. Nouvelle Jerſey, & Penſylvanie. Leur ſituation. Hiſtoire abrégée de leur établiſſement.

ON ignore en quel temps les Suédois & les Hollandois s'établirent pour la premiere fois dans l'Amérique Septentrionale ; mais il eſt certain que leur Colonie eſt poſtérieure à notre établiſſement de la Virginie, & antérieure à celui de la Nouvelle Angleterre. Les Suédois, dont la marine étoit peu conſidérable, eurent à peine jetté les premiers fondemens d'une Colonie, qu'ils l'abandonnerent. Les habitans ſe trouvant ſans appui & ſans ſecours, s'eſti-

merent heureux de se joindre aux Hollandois qui s'y étoient établis sur un
meilleur plan, & de se soumettre au
Gouvernement des Etats Généraux. Le
pays que possédoient ces deux nations,
dont les Colonies étoient dans ce temps-
là réunies en une, s'étendoit depuis le
trente-huitieme jusqu'au quarante-unieme degré de latitude tout le long de la
côte. Ils l'appellerent la Nouvelle Hollande. Elle resta entre leurs mains jusqu'au regne de Charles II. La guerre
d'Hollande étant survenue dans ces en-
trefaites, M. Robert-Car fut envoyé en
1664 pour le réduire, & il y trouva si
peu de résistance, qu'il n'acquit pas
beaucoup d'honneur dans cette con-
quête. Peu de temps après, les Hollandois se jetterent par voie de représail-
les sur notre Colonie de Surinam dans
l'Amérique Méridionale, & s'en emparerent avec la même facilité. On convint par le Traité de paix signé à Breda
en 1667, que les choses resteroient sur
le pied où elles étoient, sçavoir, Surinam aux Hollandois, & la Nouvelle
Hollande aux Anglois. Quantité de
gens regarderent cet échange comme
extrêmement désavantageux ; mais il
paroit aujourd'hui que nous y avons

gagné ; car, outre l'inconvénient qu'il y avoit que nos.Colonies fuſſent, pour ainſi dire, coupées en deux, par un territoire étranger, ce pays eſt aujourd'hui un des plus riches & des mieux peuplés que nous ayons ; au lieu que Surinam eſt de peu de conféquence, & ſi mal ſain, qu'il eſt impoſſible d'y remédier.

A peine la Nouvelle Hollande fut-elle entre nos mains, qu'elle perdit ſon premier nom, & fut diviſée en deux provinces diſtinctes. La partie qui eſt au Nord-Eſt, & contiguë à la Nouvelle Angleterre, fut appellée la Nouvelle York, en l'honneur du Duc d'York à qui elle fut cédée en propriété. Cette province s'étend vers le Nord des deux côtés de la riviere d'Hudſon, environ l'eſpace de deux cens milles dans le pays des cinq nations ou des Iroquois ; mais elle n'a pas plus de quarante à cinquante mille de large. Elle comprend Long iſland, laquelle eſt ſituée au Midi de Connecticut, & qui ne le céde à aucune autre Iſle de l'Amérique pour la bonté de ſes pâturages, & la quantité de grains de toute eſpece qu'elle produit.

La partie de la Nouvelle Hollande

qui eſt ſituée le long de l'Océan, entre celui-ci & la riviere de Delaware, depuis la partie Méridionale de la Nouvelle York, juſqu'à Maryland, fut cédée à George Carteret & à d'autres, & appellée la Nouvelle Jerſey, parce qu'il avoit des terres dans l'Iſle de ce nom, que ſes deſcendans conſervent encore aujourd'hui. Cette province eſt bornée à l'Oueſt par la riviere de Delaware qui la ſépare de la Penſylvanie. Elle a environ cent cinquante milles de long, ſur environ cinquante de large.

La Penſylvanie, qui eſt ſituée entre la Nouvelle York, la Nouvelle Jerſey & Maryland, & qui ne communique avec la mer que par l'embouchure de la riviere de Delaware, a environ deux cens cinquante milles de long, ſur deux cens de large. Ce pays fut cédé au fameux William Pen, fils de l'Amiral du même nom, en 1680.

Le climat & le ſol de la Nouvelle York, de la Nouvelle Jerſey & de la Penſylvanie ſont à-peu-près les mêmes. Dans ces trois provinces, de même que dans toutes nos Colonies Septentrionales, le terrein qui eſt près de la mer, eſt en général bas, plat & marécageux; à une diſtance conſidérable de la mer, il s'éleve en petits côteaux, & enfuite en de grandes chaînes de montagnes, qui prennent pour la plupart leur cours vers le Nord & le Sud-Oueft. Le terrein de ces trois provinces eft en général très-fertile ; il produit non-feulement une grande quantité de bled d'Inde, mais encore tous les grains qu'on y a tranfportés d'Europe. Le froment y eft fi abondant & fi bon, qu'on auroit de la peine à en trouver de meilleur dans aucune contrée du monde ; & l'on peut en dire autant de l'orge, de l'avoine, du riz, du bled farafin & des autres efpeces de grains que nous connoiffons. On y trouve quantité de bêtes à cornes, de chevaux, de moutons, de pourceaux, de volaille, de gibier, différentes efpeces de cerfs, & une efpece de lievre particuliere à l'Amérique, dont la chair eft inférieure à celle des nôtres ; des coqs d'Inde fauvages, dont la bonté égale la groffeur, & de très-beaux phaifans qu'on ne voit point ailleurs. Les herbes & les racines qui ne croiffent chez nous qu'à force de culture, y viennent prefque naturellement. Les fruits y réuffiffent auffi très-bien, particuliérement les pêches & les melons.

Les forêts fourniſſent quantité de bon bois, étant compoſées de chênes, de frênes, de bouleaux, de châtaigniers, de cedres, de noyers, de cyprès, de ſaſſafras & de pins. Dans toutes les parties de nos plantations, y compris la Nouvelle York juſqu'au Nord, & preſque juſqu'au Midi, les bois ſont remplis de vignes ſauvages de trois ou quatre eſpeces, toutes différentes de celles d'Europe; mais ſoit que cela vienne de la faute de leur nature, du climat, ou du terrein ou elles ſont plantées, ou de celle des cultivateurs, elles n'ont point encore donné du vin qui vaille la peine qu'on en parle. Il eſt bon de remarquer en général, que le bois de ces provinces n'eſt pas ſi bon pour la conſtruction que celui de la Nouvelle Angleterre & de la Nouvelle Ecoſſe. Plus on avance vers le Midi, plus le bois eſt poreux & ſujet à ſe fendre, d'où vient qu'il ne vaut rien pour les vaiſſeaux.

On cultive dans toutes ces provinces, mais ſurtout dans la Penſylvanie, une grande quantité de lin, & il paroît même que le chanvre y réuſſit très-bien. On y trouve auſſi des minéraux. Il y a beaucoup de fer dans la Nouvelle York, & l'on vient d'ouvrir une mine de cui-

vre dans la Nouvelle Jerfey. Il y a tout
lieu de croire que dans la fuite du temps,
lorfque le pays fe fera peuplé, & que le
befoin aura découvert aux habitans des
reffources pour le commerce, que ces
Colonies deviendront auffi utiles pour
les métaux, qu'elles le font actuellement
pour le grain. Ces trois provinces, de
même que toutes celles que nous poffé-
dons dans l'Amérique Septentrionale,
font extrêmement bien arrofées. On a
cependant obfervé dans la Nouvelle
Angleterre, qu'à mefure qu'on défriche
le terrein, quantité de petits ruiffeaux
tariffent, de maniere qu'on ne fçauroit
plus moudre. On a encore obfervé que
les coupes de bois qu'on a faites, ont
influé fur la riviere de Connecticut,
qui eft la plus grande de la Nouvelle
Angleterre, & qu'elle a confidérablement diminué. J'ignore fi l'on a fait la
même remarque dans la Penfylvanie &
la Nouvelle York. Mais fi l'on a perdu
du côté de l'eau, ce qui n'eft pas une
grande perte dans un pays où il y en
a tant, on en a été amplement dédom-
magé de celui de l'air, lequel eft devenu infiniment plus fain depuis qu'on
a défriché le pays. Ceux que je décris
actuellement, font auffi fains qu'on
puiffe le defirer.

Comme le climat & le fol des provinces de la Nouvelle York, de la
Nouvelle Jerfey & de la Penfylvanie,
font à-peu-près les mêmes, il n'y a pas
beaucoup de différence dans les denrées qu'elles produifent, qui font le froment, l'orge, l'avoine, le bled d'Inde,
les pois, le bœuf, le cochon, le fromage, le beurre, le cidre, la biere, le
lin, le chanvre, la graine & l'huile de
lin, les pelleteries, les peaux de bêtes
fauves, les planches, le bois de charpente & le fer. Leurs marchés font les
mêmes que ceux de la Nouvelle Angleterre; & ces Colonies ont part au commerce du bois de campèche, de même
qu'à celui des Colonies Efpagnoles &
Françoifes.

CHAPITRE IX.

Villes de la Nouvelle York. Etendue de son commerce. Albanie. Son commerce avec les Indiens, les Iroquois ou les six Nations.

IL y a dans la Nouvelle York deux villes, dont la premiere porte le même nom que la province. On l'appelloit la Nouvelle Amſterdam, lorſque les Hollandois en étoient les maîtres ; mais elle a changé de nom depuis qu'ils l'ont abandonnée. Cette ville eſt avantageuſement ſituée pour le commerce, ſur un excellent port, dans une Iſle appellée Manahattan, laquelle a environ quatorze milles de long, ſur quatre à cinq de large. Cette Iſle eſt préciſément ſituée dans l'embouchure de la riviere d'Hudſon, laquelle ſe décharge dans cet endroit, après avoir parcouru une grande étendue de pays. C'eſt une des plus grandes rivieres de l'Amérique. Elle eſt navigable l'eſpace de plus de deux cens milles, & la marée y remonte celui de cent cinquante.

La ville de la Nouvelle York contient

près de douze cens maifons, & environ fept à huit mille habitans qui defcendent pour la plupart d'Hollandois & d'Anglois. Elle eft très-bien & très-commodément bâtie, & forme un fort beau coup d'œil, étant vue de la mer ; mais il s'en faut beaucoup qu'elle foit bien fortifiée. Il n'y a point de maifon au-deffous de cent livres fterlings ; de forte qu'on n'y apperçoit aucune apparence de pauvreté. Il y a quatre Eglifes, l'une pour les Anglicans, & les trois autres pour les Hollandois, les François & les Luthériens. Son commerce eft très-floriffant & très-lucratif. Les marchands y font fort riches, & le peuple fort à fon aife. Depuis 1749 jufqu'en 1750, il entra dans ce port deux cens trente-deux vaiffeaux, & il en fortit deux cens quatre-vingt-fix. On embarqua deffus fix mille fept cens trente-un tonneaux de provifions, dont la plupart confiftoient en farine & en grain. Les habitans de cette Colonie font environ au nombre de quatre-vingt mille. Ils font fort hofpitaliers, & grands amis des étrangers. Toutes les Religions y font tolérées.

Sur la même riviere d'Hudfon, environ à cent cinquante milles de la Nouvelle

velle York eſt Albanie, ville moins conſidérable par le nombre de ſes maiſons & de ſes habitans, que par le grand commerce qu'elle fait avec les Indiens & avec les François qui trafiquent avec eux. Ce commerce enleve une grande quantité de gros draps, de fuſils, de haches, de coûteaux, de chaudrons, de poudre & de plomb, indépendamment des habits, des chemiſes & autres articles. C'eſt dans cet endroit que ſe négocient les Traités avec les Iroquois.

Cette nation, ou plutôt cette combinaiſon de cinq nations, leſquelles ſont unies par une ligùe auſſi ancienne qu'inviolable, ſont les plus anciens, les plus ſolides, & les plus utiles alliés que nous ayons parmi les Indiens. Ces peuples, par leur unanimité, leur fermeté, leur ſcavoir militaire & leur police, ſont devenus les plus puiſſans & les plus formidables de toute l'Amérique. Ils ont conquis quantité de nations, & aſſujetti à leur domination un pays deux fois auſſi grand que le Royaume de France; mais leurs ſujets n'ont pas augmenté à proportion. Comme ils font la guerre à toute outrance & en vrais barbares, ils ne poſſédent qu'un vaſte déſert habité par quelques tribus répandues çà & là dans le pays, qu'ils n'ont laiffé vivre que parce qu'ils les mépri-foient, & qu'ils les tiennent dans la fu-jétion la plus abjecte. Cependant cette nation, autrefois fi puiffante & fi cé-lebre par fes conquêtes, malgré la pré-caution qu'elle a toujours eue d'incor-porer parmi fes fujets une partie des prifonniers qu'elle faifoit à la guerre, eft aujourd'hui fur fon déclin. Elle met-toit il y a environ foixante ans dix mille hommes fur pied, & aujourd'hui à peine peut-elle en mettre quinze cens. Voilà où les guerres, les maladies épidémi-ques, & l'union monftrueufe des vices des nations civilifées avec les mœurs des fauvages, ont réduit ce peuple. Non-feulement leur nombre eft dimi-nué, mais ils ne font plus fi bien inten-tionnés pour nous qu'ils l'étoient au-trefois. Entre autres fautes que je paffe fous filence, & que je n'efpere plus de voir corriger, la plus confidérable que nous ayons faite, eft de négliger les Indiens, & de les maltraiter. Les Iro-quois ont admis derniérement dans leur ligue la nation des Tufcaroras, qui aban-donna la Caroline, à l'occafion d'une guerre qu'elle eut avec les Anglois. Ils l'ont, dis-je, admife dans leur ligue,

& cette nouvelle confédération paroît être plus attachée aux intérêts des François qu'aux nôtres.

CHAPITRE X.

Nouvelle Jersey. Son commerce. Ses habitans, &c.

LA Nouvelle Jersey, par une suite des disputes qui regnerent entre les habitans & les propriétaires, resta long-temps dans un état de foiblesse ; mais depuis quelques années, elle a commencé à recueillir quelques-uns des avantages qu'elle eût pu tirer de meilleure heure de la bonté de cette province & de la commodité de sa situation. Elle produit actuellement quantité de grain, & on y compte près de soixante mille ames ; mais elle n'a aucune ville de conséquence. Perth Amboy, qui en est la capitale, n'a pas plus de deux cens maisons ; & quoique cette ville ait un très-bon Port, cependant comme les habitans de la Nouvelle Jersey sont accoutumés à envoyer leurs denrées aux marchés de la Nouvelle York & de Philadelphie, ils ont peine à prendre une autre route, ce qui vient, de ce que la correspondance est fixe, le crédit établi, & le débit très-prompt; ensorte que le commerce de cette ville est très-peu considérable. Il n'y entra en 1751 que quarante-un vaisseaux, & il n'en sortit que trente-huit, dont la cargaison consistoit en six mille quatre cens vingt-quatre barils de farine, cent soixante-huit mille quintaux de pain, trois cens quatorze barils de bœuf & de porc, dix-sept mille neuf cens quarante-un mille boisseaux de grains, mille quatre cens quintaux de chanvre, & quelque peu de beurre, de jambons, de biere, de graine de lin, de fer en barre & de bois de charpente.

CHAPITRE IX.

Hiſtoire de Guillaume Pen. Principes ſur leſquels il fonda ſa Colonie. Sa mort.

C'EST une opinion généralement reçue dans ces derniers temps, que rien ne nuit plus au progrès des Colonies, que de donner le gouvernement d'un pays en propre à des particuliers. Il eſt certain que cette eſpece de gouvernement eſt ſujette à de grands abus ; mais qu'on m'en trouve quelqu'un où il n'y en ait point. Si cette obſervation étoit vraie, la province de Penſylvanie ſeroit une exception à cette regle.

William Pen n'a ſurement jamais été ni un grand théologien, ni un grand moraliſte ; ſes écrits mêmes ſont très-peu eſtimés, ſi ce n'eſt par ceux de ſa ſecte ; mais on peut dire qu'il n'y a jamais eu de légiſlateur ni de fondateur de république qui ſe ſoit acquis plus d'honneur dans le monde. Quoi de plus étonnant en effet qu'une république, qui ayant commencé par un petit nombre de réfugiés & d'hommes indigens, eſt devenue dans l'eſpace de ſoixante &

dix ans une nation nombreufe & floriſſante ! qu'un peuple qui a converti
un défert affreux en un terrein cultivé
& rempli de quantité de villes très-riches & très-peuplées ! & qui au milieu
d'une race d'hommes féroces & fans
loix, a fçu fe maintenir par les feules
regles de la modération & de la juftice,
beaucoup mieux que d'autres ne l'ont
fait par le politique & par la voie des
armes. M. Pen ayant obtenu, en confidération des fervices de fon pere, &
par le crédit qu'il avoit à la Cour, l'hé-
ritage de cette province & de ce gouvernement, comprit que le feul moyen
d'en tirer un parti avantageux, étoit
d'y attirer un grand nombre d'habitans
par la bonté & la douceur du gouvernement. Il commença pour cet effet à
en acheter le terrein, & il l'eut à bon
marché par le peu de cas qu'en fai-
foient fes premiers propriétaires. Cet
acte de juftice prévint les Indiens en fa
faveur, & fit qu'ils fe prêterent à fes
vues dans tous les marchés qu'il fit dans
la fuite avec eux. Après s'être affuré la
poffeffion de ce pays, il s'agiffoit de le
peupler, & il ne tarda pas à le faire.
Ses freres les Quakers d'Angleterre,
ayant refufé de payer la dixme & les

autres droits ecclésiastiques, & se voyant persécutés par le clergé, conçurent une si haute opinion pour le chef de leur église, qu'ils résolurent de le suivre à travers l'Océan dans le Nouveau Monde ; & de son côté, il ne négligea rien pour les y encourager. Il fit tous les frais de leur transport, leur fournit tous les vivres nécessaires, & leur vendit les terres qu'il avoit achetées à très-bas prix. Mais ce qui mit le comble à sa gloire, fut cette fameuse chartre par laquelle il les déclara libres, & qui dans la suite a attiré dans ce pays une infinité de gens de tout pays & de toute croyance. Il établit la liberté, tant en fait de religion que de gouvernement, pour base de sa nouvelle Colonie, ce qui a infiniment plus contribué à son établissement, que tous les réglemens qu'il auroit pu faire. Tous ceux qui croient en Dieu, y sont tolérés ; ceux qui croient en Jesus-Christ, de quelque dénomination qu'ils puissent être, ne sont exclus ni des emplois, ni des charges.

Ce grand homme vécut assez pour voir donner son nom à cette vaste contrée, pour la voir peupler par sa sagesse, enfin, pour voir son peuple libre

& floriſſant. Il vécut aſſez pour jetter les fondemens d'une ville riche & puiſſante, pour jouir des avantages que lui promettoient la ſituation qu'il avoit lui-même choiſie, & les encouragemens qu'il lui donnoit ; & cependant il mourut dans la priſon de Fleet *.

Il eſt juſte dans un ouvrage tel que celui-ci, que nous faſſions honneur aux grands hommes qui, par leur vertu & leur généroſité, ont contribué à la population de la terre, auſſi bien qu'à la liberté & au bonheur des peuples qui l'habitent ; qui ont préféré les intérêts d'une poſtérité éloignée à leur propre fortune, au repos & à la ſécurité de leurs jours. Aujourd'hui la Grande-Bretagne & l'Amérique entiere jouiſſent du fruit de ſes travaux & de ſes dépenſes, & ſa poſtérité jouit d'un ample revenu ſur les crus de cette province, dont l'établiſſement a cauſé la ruine de ſes prédéceſſeurs

---

* On appelle ainſi une priſon de Londres, ſituée près du Pont auquel elle donne ſon nom.

CHAPITRE XII.

Des habitans de la Penſylvanie. Variété des Nations & des Religions. Princi-pes pacifiques des Quakers. Reflexions ſur l'etat actuel de cette Colonie.

LA Penſylvanie eſt habitée par plus de vingt-cinq mille ames, dont la moitié ſont Allemands, Suédois & Danois. On voit là des Quakers, des Anglicans, des Calviniſtes, des Luthériens, des Catholiques, des Méthodiſtes, des Me-niſtes, des Moraves, des Indépendans, des Anabatiſtes & des *Dumplers*, eſ-pece de ſectaires Allemands qui portent une longue barbe & un habit appro-chant de celui des moines ; en un mot, la diverſité de peuples, de religions, de nations & de langues y eſt auſſi pro-digieuſe que l'harmonie avec laquelle tous ces gens vivent enſemble eſt édi-fiante. Car, quoique tout honnête hom-me qui aime ſa religion, ſoit fâché de voir la différence de ſentimens qui regne parmi les hommes, & doive mettre tout en uſage pour l'empêcher ; cependant, lorſque le mal eſt fait, & qu'ils ne ſont

K v

plus unis de fentimens, il eft glorieux
de vivre en paix avec fes femblables,
d'accorder à autrui la même liberté dont
on jouit, de vivre avec eux, finon
comme avec des membres de la même
églife, du moins comme avec des membres de la même religion chrétienne;
& s'ils n'en font point, comme avec
des freres iffus d'un feul & même pere.
Je ne vois pas que les Quakers, quoiqu'ils ayent le pouvoir en main, s'en
foient jamais fervis pour perfécuter autrui, fi ce n'eft dans le cas de George
Keith qu'ils emprifonnerent & bannirent de la province. Ce Keith étoit ori-
ginairement un Miniftre Anglican qui,
après avoir embraffé la fecte des Quakers, avoit repris fon premier miniftere. Pendant le temps qu'il refta parmi
eux, il pouffa le rafinement fur cette
religion à un point d'extravagance dont
il n'y avoit qu'un fanatique qui fût capable; ce qui ébranla l'églife, dont il
étoit alors membre, jufqu'aux fondemens.

Voilà le feul exemple d'intoléran-
ce que l'on puiffe reprocher aux Quakers, & ce feroit à tort qu'on l'at-
tribueroit à leurs principes, vu qu'il
n'y en a point qui lui foient plus op-

poſés , & qui gênent le moins la liberté de conſcience. Ç'a été certainement un trait de fine politique d'encourager l'importation des étrangers dans la Penſylvanie , de même que dans nos autres colonies ; nous avons par là empêché la diminution des habitans de la Grande-Bretagne. Mais on a ſouvent obſervé , & l'on s'eſt même plaint de ce qu'on les laiſſe ſur le pied d'étrangers , ſans qu'on ſe mette en devoir de les naturaliſer , vu qu'on leur permet de tenir des écoles , d'imprimer des livres , & même ceux de prieres dans leur propre langue , ce qui , joint à l'étendue de pays qu'ils poſſedent en propre , & ſans aucun mélange d'Anglois , empêchent qu'ils ne forment qu'un ſeul peuple avec nous. C'eſt là certainement une irrégularité , & une irrégularité d'autant plus grande que ces étrangers par leur induſtrie , leur frugalité & la vie dure qu'ils menent , & dans laquelle ils nous ſurpaſſent , ont chaſſé les Anglois de pluſieurs endroits , ſi bien que la Colonie eſt en danger de nous devenir entiérement étrangere par ſa langue , ſes mœurs , & peut-être même ſes ſentimens. En 1750 , on tranſporta dans la Penſylvanie & dans les pays qui en

dépendent, quatre mille trois cent dix-
sept Allemands ; au lieu qu'il n'y paſſa
que mille Anglois ou Irlandois, ce qui
feroit un nombre conſidérable , s'il n'é-
toit contrebalancé par celui des étrangers.

Je ne ſuis nullement d'avis que l'on
décourage ces ſortes de plantations ; je
voudrois ſeulement qu'on les aſſujettît
à certains reglemens , & que l'on fît enforte de les naturaliſer.

Les troubles qui viennent d'arriver,
ont malheureuſement dérangé le plan
qu'on avoit pris & exécuté avec aſſez
de ſuccès dans cette partie du monde.
Les Penſylvaniens , de même que leurs
voiſins , ont beaucoup ſouffert des incurſions des ſauvages de l'Amérique;
mais on n'a pu engager les Quakers,
qu'autant que leur communion y étoit
intéreſſée , & elle n'avoit rien à craindre , dans l'endroit où ils ſont établis ,
à ſe départir de leurs principes pacifiques ; ce qui a occaſionné de ſi grandes
oppoſitions dans leur aſſemblée , qu'ils
n'ont voulu ni fournir de l'argent ni des
hommes pour ſoutenir la guerre. Ils y
ont à la fin conſenti ; mais ce qu'ils ont
fait, ne répondoit ni aux circonſtances
du pays , ni à l'exigence du temps. Il

y a lieu d'être furpris qu'on ait confié
une fi grande partie du gouvernement à
des gens dont les principes font directement oppofés à la fin que l'on fe propofe en l'établiffant. On ne peut certainement trop chérir les Quakers pour
leur débonnaireté, leur induftrie & leur
probité ; mais ils auroient tort de fe
plaindre, que n'étant par leurs principes que de fimples brebis, on refufe de
leur confier un emploi directement oppofé à leur caractere, & qui demande
du courage & de la vigilance.

CHAPITRE XIII.

*Defcription de Philadelphie. Son com-
merce. Nombre des habitans de la Penfylvanie. Etendue de fon commerce. Les
négres y font en petit nombre.*

IL y a une fi grande quantité de villes
dans la province de Penfylvanie, dont
plufieurs même l'emportent fur les capi-
tales de quelques autres provinces, que
rien ne pourroit me difpenfer de les paffer fous filence, fi Philadelphie n'attri-
roit toute mon attention. Cette ville eft
bâtie fur une langue de terre, immédia-

tement au confluent des deux rivieres de Delaware & de Schulkil. Elle a la figure d'un quarré oblong, dont l'étendue d'une riviere à l'autre est de deux milles. Suivant le plan qu'on a fait, ce quarré doit être partagé en huit rues paralleles de deux milles de long, lesquelles seront coupées par seize autres, chacune de la longueur d'un mille, larges, spacieuses, réguliérement bâties, avec des espaces convenables pour les édifices publics, les églises & les marchés. Il doit y avoir au milieu une place de dix acres d'étendue, autour de laquelle seront la plupart des édifices publics. Les deux principales rues de la ville ont cent pieds de large, & la plupart des maisons ont un petit jardin & un verger. On a coupé plusieurs canaux également agréables & utiles. Les quais sont beaux & spacieux; le plus grand a deux cens pieds de large, & les vaisseaux de cinq cens tonneaux peuvent y aborder. Les magasins sont grands, nombreux & commodes, & les formes pour la construction des vaisseaux parfaitement bien construites. On y en construit un grand nombre, & l'on en a vu jusqu'à vingt sur le chantier. Cette ville, outre les magasins &

les appentis , contient près de deux mille maifons , dont la plupart font de briques , & très-bien bâties. On prétend qu'il y en a plufieurs qui valent jufqu'à quatre à cinq mille livres fterlings. On y compte aujourd'hui environ treize mille habitans.

Il y a dans cette ville quantité de riches marchands, & l'on n'en fera point furpris, lorfqu'on fçaura le commerce confidérable qu'elle fait avec les Colonies Angloifes, Françoifes, Efpagnoles & Hollandoifes, avec les Azores, les Canaries, & les Ifles de Madere, avec l'Angleterre & l'Irlande , l'Efpagne , le Portugal & la Hollande, & les profits qu'elle fait dans les différentes branches de ce commerce. Outre les différentes denrées de cette province que l'on voiture fur les rivieres de Delawarre & de Schulkil, dont la premiere eft navigable l'efpace de plus de deux cens milles au-deffus de Philadelphie, & l'autre celui de cent ; les Hollandois emploient huit à neuf mille charrettes à quatre chevaux , pour tranfporter les productions de leurs fermes à ce marché. En 1749, il entra dans ce port trois cens trois vaiffeaux , & il en fortit deux cens quatre-vingt-un. Il y a dans les autres ports de cette province une douanne & des employés pour percevoir les droits ; mais ils font peu de commerce avec l'étranger.

Quoique la ville de Philadelphie ne foit pas encore achevée , ce qu'on en a bâti eft entiérement conforme au plan original , & elle augmente tous les jours tant par le nombre que par la beauté de fes édifices. Quant à la province , dont elle eft la capitale , il n'y en a point de plus floriffante dans l'Amérique Angloife. Depuis quelques années , on a plus tranfporté de monde dans la Penfylvanie que dans toutes nos autres Colonies enfemble. En 1729 , fix mille deux cens huit perfonnes furent s'y établir en qualité d'étrangers ou de domeftiques , dont les quatre cinquiémes au moins étoient Irlandois. En un mot, cette province s'eft fi fort accrue depuis fon premier établiffement , que les terres que M. Pen avoit données fur le pied de vingt livres fterlings pour mille acres , fous la réferve d'un fchelin de cens pour chaque cent acres , & cela dans les meilleurs endroits de la province , valent aujourd'hui , à une diftance confidérable de la mer , douze livres fterlings par acre , & quatre fche-

lins de cens , & que celles qui font près
de Philadelphie , s'afferment fur le pied
de vingt fchelins par acre. Dans plufieurs endroits , & à la diftance de plufieurs milles de la ville , les terres ne fe
vendent que pour vingt ans.

Les habitans de la Penfylvanie font
induftrieux & laborieux. La plupart
font fort à leur aife, quoiqu'il y ait peu
de propriétaires de terre qui puiffent
paffer pour riches ; mais ils font tous
bien logés , bien nourris & bien vétus ,
eu égard à leur condition , & à d'autant
meilleur marché , que le bas peuple fabrique lui-même la plupart de fes toiles
& de fes draps. Le nombre des noirs
n'eft pas la quarantieme partie des habitans de la province.

CHAPITRE XIV.
V I R G I N I E.

Situation de la Virginie. Commodité de ses rivieres pour la navigation. Animaux & oiseaux qu'on y trouve. L'Opossum.

L E pays que les Anglois possedent aujourd'hui dans l'Amérique Septentrionale, fut d'abord appellé Virginie; mais depuis qu'on en a démembré plusieurs portions pour en faire des concessions & des gouvernemens distincts, le pays qui porte actuellement ce nom, est réduit au district qui a la riviere de Potowmack au Nord, la baie de Chesapeak à l'Est, & la Caroline au Midi. Du côté du Couchant, les concessions s'étendent jusqu'à la mer du Sud; mais les plantations ne vont que jusqu'aux grandes montagnes d'Allegany. Cette province est située entre le cinquante-cinquieme & le quarantieme degré de latitude Septentrionale, & a environ deux cens quarante milles de long, sur deux cens de large.

Ce pays est si bas vers la mer,

qu'après avoir mouillé à quatorze braffes d'eau, on à peine à diftinguer la
terre du haut du grand mât. Mais toute
cette côte de l'Amérique a cet avantage que l'on connoît exactement la diftance où l'on eft par le moyen de la
fonde, le fond diminuant infenfiblement
à mefure que l'on approche de terre.
Les arbres paroiffent fortir de la mer,
ce qui forme un fpectacle extrêmement
agréable pour un étranger. En allant à
la Virginie ou à Maryland, on paffe un
détroit formé par deux pointes de terre,
appellées les Caps de Virginie, par où
l'on entre dans la baie de Chefapeak,
une des plus grandes & des plus fures
qu'il y ait dans le monde ; car elle
avance dans le pays près de trois cens
milles du Midi au Nord, ayant le côté
Oriental de Maryland, & une petite portion de la Virginie fur la même Peninfule, pour la mettre à couvert de l'O-
céan Atlantique. Cette baie a environ
dix-huit milles de large dans la plupart
des endroits, & fept dans fa partie la
plus étroite; on y mouille fur un fond
de neuf braffes. Elle reçoit dans toute
fon étendue, tant du côté de l'Orient
que de celui du couchant, quantité de
rivieres navigables. Indépendamment

de celle de Maryland, elle reçoit du côté
de la Virginie la riviere de James, celle
d'York, la Rappahannock & la Potowmack.

Toutes ces grandes rivieres dans l'ordre que je viens de les décrire du Midi
au Nord, se jettent avec quantité d'autres plus petites dans la baie de Chesapeak ; & sont non - seulement navigables pour les plus gros vaisseaux bien
avant dans le pays, mais ont encore tant
de criques, & reçoivent un si grand
nombre de petites rivieres navigables,
qu'elles rendent la communication de
toutes les parties de cette contrée infiniment plus aisée qu'aucune autre qui
soit dans le monde. La Potowmack est
navigable l'espace de près de deux cens
milles, ayant neuf lieues à son embouchure, & près de sept presque par-tout.
Les trois autres sont navigables l'espace de plus de quatre-vingt milles, &
se rapprochent si près l'une de l'autre
dans leurs différens détours, que dans
quelques endroits elles ne font pas éloignées de plus de dix milles, dans d'autres de cinq ; au lieu que dans d'autres
il y a une distance de cinquante milles
entre chacune de ces rivieres. Les habitans chargent & déchargent les vais-

feaux à leur porte, ce qui eſt fort commode pour eux, vu le volume & le peu
de valeur de leurs marchandiſes ; autrement ils ne pourroient laiſſer leur ta-
b c à ſi bas prix, les droits qu'il paye en
Angleterre étant ſix fois plus forts qu'il
ne coûte ſur les lieux.

Des raiſons politiques ont engagé
ceux qui ont donné la deſcription de
la Virginie, à exagérer la bonté de ſon
ſol & de ſon climat ; mais on ne peut
diſconvenir que ce ne ſoit un excellent
pays. Les chaleurs y ſont exceſſives en
été ; mais elles ſont tempérées par les
vents de briſe. Le temps y eſt variable,
& ſes changemens ſubits & violens. Le
froid y vient tout à coup. Souvent après
un jour très-chaud, il ſurvient vers la
fin de l'hyver un froid violent qui gele
dans une nuit les rivieres les plus larges
& les plus profondes ; mais ces gelées,
de même que les pluies, ſont plutôt
violentes que de longue durée. Les
tonnerres & les éclairs y ſont très-fréquens, mais ils ſont rarement du mal.
En général, le ciel eſt ſerein, & l'air
eſt leger, pur & fort ſubtil.

Le ſol dans les endroits bas de la Virginie, eſt ſi gras & ſi fertile, qu'il rapporte pendant pluſieurs années, ſans

qu'on ait befoin de le fumer. A mefure qu'on s'éloigne des rivieres, il devient plus leger & plus fablonneux,
ce qui eft caufe qu'il eft plutôt épuifé ;
mais il a tant de chaleur & de force,
que le bled & le tabac y viennent
admirablement bien. Il n'y a pas de
meilleur froment que celui qui croît
dans cette province & dans celle de
Maryland ; mais comme les habitans
font entiérement occupés de la culture
du tabac, à peine cultivent-ils affez de
froment pour leur ufage.

Il eft aifé de juger par la defcription
que je viens de donner du climat & du
fol de la Virginie, que le fruit doit y
être très-abondant. Les forêts font remplies d'arbres de toute efpece, & les
plaines couvertes la plus grande partie
de l'année d'une quantité prodigieufe
de fleurs & d'arbriffeaux d'une couleur
fi vive, & d'une odeur fi agréable,
que cela lui fit donner au commencement le nom de Floride. Ce pays produit plufieurs herbes & racines médi-
cinales, entr'autres la ferpentaire ; &
l'on vient d'y découvrir le fameux Gin-
feng de la Chine.

Les bêtes à cornes & les cochons s'y
font multipliés à un point qui paffe toute

croyance, quoiqu'il n'y en eût point
dans le temps que l'on fonda cette colonie. La chair des premieres eſt autant
au-deſſous des nôtres, que celle des ſeconds eſt au-deſſus. Les animaux naturels à ce pays ſont les cerfs & les daims,
dont il y a une grande quantité, une
eſpece de panthere ou de tigre, les
ours, les loups, les renards, les lapins
des Indes, les écureuils, les chats ſauvages, & un animal fort rare appellé
opoſſum. Ce dernier eſt à-peu-près de la
groſſeur d'un chat ; & outre le ventre
qui lui eſt commun avec les autres animaux, il en a un ſecond au-deſſous qui
eſt ouvert du côté des jambes de der-
riere. Au-dedans de ce ſac ou de ce
ventre, ſur les parties ordinaires du ventre commun, ſont un nombre de mam-
melles, ſur leſquelles ſe forment les petits, lorſque la femelle a conçu, & ils
y reſtent attachés, de même que l'eſt
un fruit à ſon pédicule, juſqu'à ce qu'ils
ayent acquis le poids & la groſſeur qu'ils
doivent avoir. Ils ſe détachent alors,
& tombent dans ce faux ventre, d'où
ils ſortent lorſqu'il leur plaît, & où ils
ſe réfugient, lorſqu'ils ſont menacés de
quelque danger.

On trouve dans la Virginie les mêmes

especes de volailles fauvages & domeftiques que chez nous, & quelques autres que nous n'avons point; indépendamment d'un grand nombre d'oifeaux
remarquables par leur beauté ou leur
chant. De ce nombre font le hibou
blanc qui eft beaucoup plus gros que
le nôtre; il eft d'un plumage argenté,
à l'exception d'une tache noire qu'il a
fur la poitrine; le roffignol de Virginie, dont le plumage eft bleu & cra-
moifi; l'oifeau finge, dont le chant eft
plus mélodieux que celui des autres oifeaux, & qui imite le leur; l'oifeau roc
qui eft très-familier, & la fociété agréable à caufe de la mélodie de fon chant;
le Murmure, qui eft le plus petit & le
plus beau de tous les oifeaux, & dont
le plumage eft varié de rouge, de verd
& de couleur d'or. On prétend que cet
oifeau fe nourrit de la rofée qui s'attache aux fleurs; mais il eft trop délicat
pour pouvoir le tranfporter vivant en
Angleterre. On trouve fur les côtes &
dans les rivieres de la Virginie, non-
feulement les différentes efpeces de poiffons connues en Europe, mais encore
quantité d'autres qui ne font propres
qu'à l'Amérique. Les reptiles y font
très-nombreux. Je ne finirois point, fi

je

je voulois décrire toutes les especes de
serpens que ce pays produit, dont le
principal est le serpent sonnette que tout
le monde connoît

CHAPITRE XV.

*Villes de la Virginie, petites & en petit
nombre. Culture du tabac. Commerce
de cette denrée & autres. Habitans de
la Virginie. Blancs & noirs.*

L A commodité de la navigation,
jointe au défaut d'artisans, a rendu inutiles toutes les tentatives que le gouvernement a faites pour établir des villes
dans la Virginie. James-town, qui étoit
autrefois sa capitale, n'est plus qu'un
petit village ; & Williamsbourg, quoique aujourd'hui la capitale, le siege du
Gouverneur, le lieu où se tiennent les
assemblées & les cours de justice, &
malgré son Université, n'est qu'une
très-petite ville. On peut dire cependant que les édifices publics y sont plus
beaux que dans aucune autre de nos Colonies. Le College a cent & trente pieds
de front, & ressemble à l'hôpital de
Chelsea. Il fait face à une rue, au bout

de laquelle eſt un édifice exactement
ſemblable, où ſe tiennent l'aſſemblée
& les cours de juſtice. L'Egliſe eſt bâtie en forme de croix, extrêmement
vaſte & fort bien décorée.

La marchandiſe d'étape de ce pays,
de même que de Maryland, eſt le tabac.
Cette plante eſt originaire de l'Amérique, & d'un uſage très-ancien, quoiqu'elle n'ait été ni ſi généralement cultivée, ni ſi bien préparée, que depuis
l'arrivée des Européens. Elle eſt de la
hauteur ordinaire d'un homme. Sa tige
eſt droite, velue & gluante; ſes feuilles ſont alternes, d'un verd pâle jaunâtre, & fort grandes vers le pied de la
plante. On ſeme les graines du tabac
ſur des couches, d'où on les tranſplante
à la premiere pluie dans un terrein pré-
paré comme une houblonniere. Un mois
après avoir été tranſplantées, elles s'é-
levent à la hauteur d'un pied; on les
étête, on les dépouille de leurs feuilles
inférieures, & on en ôte avec beaucoup
d'attention la vermine & les mauvaiſes
herbes. Environ ſix ſemaines après elles
ont acquis toute leur croiſſance, & elles
commencent à noircir. On connoît à
ces marques que le tabac eſt mûr. On
coupe les plants à meſure qu'ils mûriſ-

fent, on les amoncelle & on les laiſſe
ſuer une nuit. On les porte le lendemain au magaſin, lequel eſt bâti de maniere que l'air y entre de toutes parts,
mais non pas la pluie. On les pend ſé-
parément, & on les laiſſe ſécher pendant quatre à cinq ſemaines, après quoi
on les retire par un temps humide ; car
autrement elles tomberoient en pouſ-
ſiere. On les étend ſur des claies, on
les couvre, & on les laiſſe ſuer une
ſemaine ou deüx, au bout deſquelles
on les dépouille de leurs feuilles, ſépa-
rant les feuilles du ſommet de celles d'en
bas qui ſont les plus mauvaiſes ; on les
met dans des barrils, ou bien on en
forme des carrotes. On a ſoin de faire
ces opérations dans un temps humide
pour rendre le tabac plus ſouple.

On diſtingue dans le commerce deux
ſortes de tabacs. Le premier eſt appellé
Aranokoe, on le tire de Maryland &
des provinces Septentrionales de la Virginie. Il a beaucoup de force & d'âcreté,
mais il ſe vend très-bien en Hollande,
en Allemagne & dans les pays du Nord.
Le ſecond s'appelle tabac parfumé. Le
meilleur vient des rivieres de James &
d'York, dans les contrées Méridionales

de la Virginie. Il n'y a point de denrée qui rapporte plus d'argent au fisc. Elle produit des sommes immenses dont le poids tombe bien moins sur les Anglois que sur les habitans des Colonies qui ne sçauroient s'enrichir, vu la modicité du prix où il est. Comme nous avons deux provinces qui trafiquent dans la même denrée, s'il prenoit jamais envie aux habitans de la Virginie de le garder pour le faire renchérir, ceux de Maryland ne manqueroient pas d'en profiter, ce que les premiers feroient aussi dans pareil cas. Il n'y a pas apparence qu'ils améliorent jamais leur condition, & ils sont d'autant moins en état de le faire, qu'ils sont extrêmement addonnés au luxe, & qu'ils ne gardent aucunes bornes dans leurs dépenses. C'est ce qui fait qu'au moindre contre-temps ils se trouvent endettés envers les marchands de Londres, lesquels font saisir leurs biens, & les mangent jusqu'aux os, au moyen d'un intérêt usuraire de huit pour cent. Quelque désavantageux que soit le commerce du tabac à ceux qui le cultivent, toujours est-il certain que le revenu en profite ; car ce seul article rapporte près de trois cens mille livres sterlings par an,

à quoi on peut en ajouter encore autant
pour celui qui fe débite chez l'étranger,
& dont la plus grande partie du profit
revient au marchand Anglois. Je ne
dis rien ici de l'avantage dont il eft
pour nous de tirer de nos Colonies celui que nous vendons aux autres nations
de l'Europe qui nous le payent argent
comptant, outre que ce commerce emploie deux cens gros vaiffeaux, & un
nombre proportionné de matelots. Les
habitans de la Virginie tirent de nous
tout ce dont ils ont befoin pour le luxe
& les commodités de la vie, parce qu'ils
manquent de manufactures. Les deux Colonies exportent environ quatre-vingt
milles barriques de tabac de huit cens
pefant. Elles commercent encore dans
les Indes-Occidentales en bois, poix,
goudron, bled & provifions de toute efpece. Elles nous envoient du lin, du
chanvre, du fer & des planches de noyer
& de cedre.

Le nombre des Européens établis
dans la Virginie, eft d'environ foixante
à foixante & dix mille ames. Il augmente
tous les jours par la migration des Irlandois qui ne réuffiffent pas fi bien dans
la Penfylvanie que les Allemands, qui
étant plus fobres & plus induftrieux

qu'eux, vendent leurs terres à ces derniers, & en achetent d'autres dans la
Virginie à Maryland & dans la Caroline. La plupart font des Presbyteriens
du Nord de l'Irlande, qu'on appelle
dans l'Amérique Irlandois d'Ecoffe. Il
y a auffi dans la Virginie un grand nombre de François réfugiés ; mais la plus
grande partie des habitans font les efclaves négres, dont le nombre eft tout
au moins de cent mille. On tranfporte
annuellement dans ces deux Colonies
trois à quatre mille de ces malheureux.
Ces fortes de recrues y font moins néceffaires que dans le refte de l'Amérique, vu que les négres augmentent
loin de diminuer, ce qui vient de ce
que le travail eft plus modéré, la nourriture meilleure, & le climat plus fain.
Les habitans de la Virginie font gens
de bonne humeur & fort hofpitaliers,
mais pour la plupart vains & oftentatifs.
Ils font prefque tous Anglicans, & ce
n'eft que depuis peu qu'ils tolerent les
autres religions. Les Prefbytériens &
les Quakers y ont quelques affemblées.

CHAPITRE XVI.

Différentes tentatives pour s'établir dans la Virginie, dont trois échouent. Le Lord Delaware y établit enfin une Colonie.

LA Virginie est la plus ancienne de nos Colonies, quoiqu'à proprement parler, ce n'ait point été dans cette province, mais dans la partie Septentrionale de la Caroline qui confine avec elle, qu'on ait d'abord tenté d'y en fonder une. On doit cet établissement à M. Walter Raleigh, un des génies les plus extraordinaires qui ait peut-être paru dans le monde. Politique transcendant, courtisan accompli, sçavant, profond, grand écrivain, bon soldat, & un des plus habiles marins de son temps ; cet homme qui avoit acquis tant de connoissances, avoit un génie bouillant & plein de feu qui le portoit aux entreprises les plus hazardeuses, & aux projets les plus extraordinaires ; lequel n'étant point goûté par un prince timide, & lui ayant attiré la haine & l'envie de ses rivaux, fut enfin la cause de sa ruine. Il se transporta dans la Guyane pour y chercher des mines d'or, & courut mille fois risque d'y perdre la vie. Ce pays n'eut pas plutôt été découvert, qu'il vit d'un coup d'œil les travaux d'un siecle, & comprit les avantages qu'il pouvoit procurer au commerce d'Angleterre. Il fut le premier qui comprit l'utilité dont les Colonies pourroient être au Royaume; il étoit alors le seul qui connût le commerce, & qui sçût les moyens qu'il falloit employer pour le faire fleurir. Il s'adressa à la Cour, & forma une compagnie composée de plusieurs personnes de distinction, & de plusieurs riches marchands, lesquels convinrent d'ouvrir un commerce, & d'établir une Colonie dans cette partie du monde, à laquelle il donna le nom de Virginie en l'honneur de la Reine Elisabeth.

Raleigh avoit trop d'affaires à la Cour, & n'étoit point assez bien secondé dans ses desseins, pour pouvoir soutenir cet établissement dans l'esprit qu'il l'avoit commencé. Si jamais une entreprise a eu des commencemens sinistres, & a dû détourner ceux qui l'avoient commencée de la poursuivre, ç'a été le premier établissement de la Virginie. La moitié de la premiere Colonie fut détruite par les sauvages, & le reste épuisé par la fatigue & la faim, abandonna le pays & retourna en Angleterre dans le dernier désespoir. La seconde, à ce qu'on croit, fut taillée en pieces par les sauvages. La troisieme eut le même sort ; & la quatrieme en étant venue aux mains, ayant négligé l'Agriculture pour courir après l'or, & ayant indisposé les Indiens par ses manieres insolentes & hautaines, perdit la plupart de ses gens & s'en retournoit en Angleterre dans l'état le plus déplorable, lorsqu'elle rencontra à l'entrée de la baie de Chesapeak le Lord Delaware avec une escadre chargée de provisions & de munitions de guerre qui lui persuada de retourner sur ses pas.

Ce gentilhomme voyagea avec autant de zèle & d'assiduité pour établir sa Colonie, que d'autres l'ont fait depuis dans un temps plus favorable pour des motifs d'une toute autre espece. Sans égard ni pour sa vie ni pour sa fortune, il entreprit ce long & dangereux voyage, & accepta cette province stérile, malgré les soins & les inquiétudes attachées à un pareil gouvernement, purement pour servir sa patrie, sans autre

récompenfe que cette fatisfaction inté-
rieure que trouve un honnête homme
à fuivre le penchant qu'il a pour la
vertu, & l'expectative des honneurs lé-
gitimes que la poftérité ne manque jamais d'accorder à ceux qui préférent
fon intérêt au leur. Après avoir engagé fes gens à retourner, il les con-
fola dans leurs malheurs, leur en découvrit la caufe ; & joignant à la ten-
dreffe d'un pere toute la fermeté d'un
Magiftrat, il appaifa leurs divifions, &
les réconcilia avec l'autorité & le gouvernement, leur faifant fentir par fa
conduite les avantages qu'ils tireroient
de leur obéiffance.

Après avoir affermi fa Colonie au
dedans, il travailla à la mettre fur un
bon pied par rapport aux Indiens que
le mauvais état des Anglois avoit rendu
fiers & intraitables ; mais il les humilia,
leur fit fentir le pouvoir qu'il avoit de
les châtier, & le courage qu'il avoit de
s'en fervir ; & après les avoir foumis
& difpofés à la paix, & avoir affermi fa
Colonie, il retourna en Angleterre
pour rétablir fa fanté, que le tracas des
affaires & le mauvais air du pays avoient
extrêmement affoiblie. Il y laiffa fon
fils, auquel il donna pour confeil Mef-

sieurs Thomas Gates, George Summers, George Piercy, Ferdinand Wenman & Newport. Ces Messieurs l'avoient suivi dans cette expédition avec quelques autres personnes distinguées par leur rang & leur fortune, ce qui donna du crédit à la Colonie. Quoiqu'il y ait en Angleterre quantité de jeunes gentilshommes d'une fortune disproportionnée à leur naissance, je doute beaucoup qu'ils voulussent s'engager dans une expédition qui promettroit aussi peu que celle-là.

Le Lord Delaware n'oublia point sa Colonie ; & se voyant plus près de la source de la faveur, il crut devoir employer le crédit qu'il avoit à la Cour, pour en faire sentir les effets à la province dont on lui avoit confié le gouvernement. Pendant huit ans qu'il resta en Angleterre, il mit tout en œuvre pour contribuer à la population, à l'affermissement & au bon ordre de l'établissement qu'il venoit de faire ; & il mourut dans un second voyage à la Virginie, où il menoit un renfort considérable de monde & des secours de toute espece.

Je suis persuadé que rien n'est plus nécessaire ni plus agréable dans un ouvrage tel que celui-ci, que de rendre juftice aux grands hommes, qui par l'étendue de leur efprit, leur fageffe & leur bonté, ont attiré dans le giron de la religion & de l'urbanité, ces parties groffieres & incultes du globe ; qui ont fçu difcerner les premiers rudimens d'un peuple futur dans une femence, à laquelle il ne falloit que du temps pour fe développer ; qui ont pu appercevoir au milieu des pertes, des contre-temps & des dépenfes inféparables du premier établiffement d'une Colonie, les avantages infinis que ces fortes d'entreprifes devoient procurer à leur patrie, & qui ont eu le courage d'y perfifter, malgré la fauffe & la maligne fageffe du fiecle. L'Ancien Monde a eu fes Ofyris & fes Erichthons qui lui ont appris l'ufage du froment ; fes Bacchus qui lui ont enfeigné à cultiver la vigne ; fes Orphées & fes Linus qui lui ont appris à bâtir des villes & à vivre en fociété. Les Américains ne manqueront point, lorfque le temps aura rendu les chofes vénérables, de nommer avec autant de reconnoiffance, & peut-être d'exagération, leur Colomb, leur Caftro, leur Guafca, leur de Poincy, leur Delaware, leur Baltimore & leur Pen.

CHAPITRE XVII.

La Virginie se révolte contre Cromwel. Il la fait rentrer dans le devoir. Révolte de Bacon. Ses causes. Bacon meurt, & la paix est rétablie.

LA Colonie de la Virginie fut si promptement affermie par les soins du Lord Delaware, qu'elle se vit en état de résister à deux orages furieux ; je veux dire à deux massacres faits par les Indiens, dans lesquels la Colonie fut presque entiérement détruite, & de subjuguer ce peuple de façon, qu'elle l'a mis depuis plusieurs années hors d'état de la troubler davantage.

Pendant les troubles funestes qui conduisirent le Roi Charles sur l'échaffaud, & qui renverserent la constitution de l'Angleterre, quantité de gentilshommes furent chercher un asyle dans cette Colonie qui, par la disposition générale de ses habitans, & la vertu de Guillaume Berkley, tenoit pour la couronne jusqu'à ce que le Parlement l'eût réduite, plutôt par ruse que par force. Et ce qu'il y eut de remarquable, si tant eſt que ce fait ſoit certain, fut qu'ils dépoſerent le Gouverneur de Cromwell, mirent Guillaume-Berkley à ſa place, & ſe déclarerent pour Charles II, long-temps avant qu'on eût appris la mort de cet uſurpateur.

Depuis la Reſtauration, on ne trouve rien d'intéreſſant dans l'hiſtoire de cette province, ſi l'on en excepte une eſpece de révolte qui naquit de la mauvaiſe adminiſtration du gouvernement, de la décadence du commerce & des conceſſions exhorbitantes que l'on fit, & qui abſorberent les fonds d'un grand nombre de particuliers. Tout cela occaſionna un mécontentement général parmi les habitans, lequel étant fomenté par un jeune homme nommé Bacon, aboutit enfin à une guerre ouverte. C'étoit un homme d'eſprit, d'une phyſionomie agréable, & d'un caractere engageant. Il avoit d'abord embraſſé la profeſſion du Barreau, & il s'y diſtingua par la facilité avec laquelle il portoit la parole, & la tournure avantageuſe qu'il ſçavoit donner aux cauſes les plus mauvaiſes. Bacon ſéduit par un zèle ſpécieux, ou peut-être mal fondé, pour le bien public, voyant que le Gouverneur étoit trop lent dans ſes préparatifs contre les Indiens qui ravageoient les frontieres de la province, prit les armes fans aucune commiſſion, pour agir contre l'ennemi. Lorſqu'il eut aſſez de forces pour le faire, il s'en ſervit non-ſeulement pour chaſſer les Indiens, mais encore pour faire la loi au Gouverneur, & l'obliger à autoriſer les démarches qu'il avoit faites, & qui ne tendoient qu'à le détruire.

Bacon revêtu de la commiſſion de Général, & ſuivi de toutes les forces de la Colonie, ſe préparoit à marcher contre les Indiens, lorſque M. Guillaume Berkley, Gouverneur de la province, voyant qu'il n'en avoit plus rien à craindre, le ſomma de revenir, le déclara traître à la patrie, & promit une récompenſe à quiconque l'arrête-roit. Cette conduite porta les choſes à l'extrémité. Les habitans étoient généralement enflammés ; Bacon perſiſta dans ſon entrepriſe, le peuple lui étoit attaché, & le Gouverneur qui n'étoit point d'humeur de temporiſer, ni de céder à l'orage, s'enfuit ſur la riviere de Potowmark, & déclara traîtres tous les adhérans de Bacon. Il ſe mit à la tête d'un petit corps de troupes qu'il avoit levées dans Maryland, auxquelles fe joignirent ceux des Virginiens qui lui étoient attachés, & il écrivit en Angleterre pour qu'on lui envoyât du fecours. Bacon de fon côté fe rendit dans la Capitale, fit affembler le Confeil, & gouverna pendant fix mois les chofes felon fon bon plaifir. Tout paroiffoit difpofé à une guerre civile, lorfque tout s'appaifa par la mort naturelle de Bacon. Le peuple fe voyant fans chef, entra en accommodement; on écouta fes propofitions, & la paix fut rétablie, bien moins par la ceffation des griefs dont on fe plaignoit, que par l'arrivée d'un régiment d'Angleterre qui féjourna long-temps dans le pays. Ce qui fait beaucoup d'honneur à la modération du gouvernement, eft que perfonne ne fouffroit pour cette rébellion ni du côté de la vie, ni du côté des biens, quoiqu'elle fût d'autant plus extraordinaire, que quantité de perfonnes follicitoient dans ce temps-là des conceffions dans la Virginie.

Les événemens qui arrivent dans les pays qui ne font point le fiege du pouvoir fuprême, & qui n'ont aucune part aux négociations de guerre ni de paix, intéreffent ordinairement très-peu la curiofité du lecteur. De-là vient que j'ai paſſé ſous ſilence les noms des Gouverneurs, de même que le détail des affaires dont ils ont eu la conduite. C'eſt ce qui fait encore que je ne m'étendrai pas beaucoup ſur Maryland, qui étant entiérement ſemblable à la Virginie pour ſon climat, ſon ſol, ſes productions, ſon commerce & le génie de ſes habitans, & ne s'étant d'ailleurs ſignalée par aucun fait remarquable, me diſpenſe du détail dans lequel j'aurois été obligé d'entrer.

CHAPITRE XVIII.

MARYLAND.

Dans quel temps cette Colonie a été fondée. Cédée au Lord Baltimore. Le Roi Jacques veut lui ôter ſa Juriſdiction. Il en eſt dépouillé dans le temps de la Révolution. Il eſt rétabli dans ſes droits. Sa capitale, ſon commerce & ſes habitans.

CE fut ſous le regne de Charles I que le Lord Baltimore demanda des Lettres Patentes pour une partie de la Virginie, & obtint en 1632 la conceſſion d'une étendue de pays ſur la baie de

Chefapeak, d'environ cent quarante milles de long fur cent trente de large, ayant la Penfylvanie qui étoit entre les mains des Hollandois, au Nord, l'Océan Atlantique à l'Eft, & la riviere de Potowmack au Midi. Il l'appella Maryland en l'honneur de la Reine.

Le Lord Baltimore étoit Catholique Romain, & entreprit cet établiffement dans l'Amérique, dans l'efpoir d'y jouir de la liberté de confcience pour lui & pour ceux de fes amis que la févérité des loix forceroit à rompre les liens qui les attachoient à leur patrie, & leur feroit préférer un exil volontaire accompagné de la liberté aux commodités de l'Angleterre, aigries comme elles l'étoient par la rigueur des loix & par la haine qu'elle leur attiroit. La Cour dans ce temps-là étoit certainement peu difpofée à maltraiter les Catholiques Romains, & à dire vrai, elle n'avoit aucune raifon de le faire ; mais les loix étoient très-rigoureufes, & malgré l'inclination qu'elle avoit à les adoucir, la bonne politique exigeoit qu'elle le fît avec beaucoup de ménagement. Lés Puritains accufoient fans ceffe la Cour & les Evêques de vouloir retourner au Papifme ; & cette accufation étoit fi généralement répandue qu’il n’étoit pas en son pouvoir d’avoir pour les Catholiques Romains l’indulgence qu’ils désiroient. Les loix étoient toujours dans toute leur rigueur, & étoient infiniment plus séveres que celles qui avoient obligé les Puritains à aller chercher un asyle dans cette partie du monde. Ces raisons firent desirer au Lord Baltimore un lieu de retraite dans l’Amérique, & obligerent la Cour à le lui accorder.

L’établissement de cette Colonie coûta à ce Seigneur des sommes immenses. Il fut entrepris sous ses auspices par son frere & environ deux cens Catholiques Romains, la plupart des meilleures maisons d’Angleterre. Ils n’eurent point à essuyer les mêmes difficultés que ceux qui fonderent nos autres Colonies. Comme c’étoient des gens choisis, & qu’il y avoit entr’eux de la subordination, les Indiens loin de s’y opposer, leur céderent la moitié de leur capitale, & la leur abandonnerent même toute entiere quelque temps après. Les femmes Indiennes apprirent aux nôtres à faire du pain avec le bled d’Inde ; leurs maris accompagnoient les Anglois à la chasse & à la pêche, ils les aidoient & leur vendoient le gibier qu’ils prenoient à très-bas prix, de maniere que ces nouveaux habitans trouverent tout à coup une ville bâtie, un terrein cultivé pour fournir à leur subsistance, sans qu'aucun ennemi se mît en devoir de les inquiéter.

Ils vivoient dans cet état sans souci & sans crainte, lorsque quelques personnes mal intentionnées de la Virginie insinuerent aux Indiens qu'ils avoient des desseins sur eux, qu'ils étoient Espagnols & non point Anglois, & leur firent mille autres histoires qu'ils crurent propres à les indisposer contr'eux. Du moment qu'ils s'apperçurent que la malice des Virginiens avoit produit son effet, ils se mirent en état de n'en avoir rien à craindre. Ils bâtirent un Fort, & prirent toutes les mesures nécessaires pour leur défense; mais ils continuerent de traiter les Indiens avec tant de bonté, que partie par leur conduite, & partie par la crainte de leurs armes, ils firent échouer les desseins de leurs ennemis.

Comme cette Colonie ne trouvoit aucun obstacle, & que les Catholiques Romains continuoient d'être maltraités en Angleterre, à proportion que le parti de la Cour baissoit, quantité de personnes prirent le parti de s'y rendre, & le Lord Baltimore ne négligea ni foins ni dépenfes pour les y encourager, juſqu'au temps que l'uſurpation renverſa le gouvernement au dedans , & le priva de ſes droits au dehors. Maryland reſta ſous les Gouverneurs que le Parlement & Cromwel lui donnerent , juſqu'au temps de la Reſtauration, que le Lord Baltimore rentra dans ſes anciennes poſſeſſions, & les cultiva avec le même ſoin & la même modération. Jamais peuple n'a vécu dans une plus grande abondance , ni dans une plus grande ſécurité ; & Son Excellence voulant qu'il jouît des avantages d'une admi-niſtration douce & équitable, donna ſon conſentement à un acte de l'Aſſem-blée qu'il avoit établie dans le pays, lequel accordoit une entiere tolérance à tous ceux qui profeſſoient la Religion Chrétienne , de quelque dénomination qu'ils fuſſent. Cette liberté qu'on n'en-freignit jamais, encouragea quantité d'Anglicans, de Preſbytériens, de Quà-kers, & autres diſſidents à aller s'établir à Maryland qui , quelque temps aupa-ravant, étoit preſque entiérement peu-plée de Catholiques Romains.

Quoique ce Lord ne fût coupable

d'aucune malverſation dans ſon gouvernement, qu'il fût extrêmement zélé
pour la Religion Catholique Romaine,
& ſort attaché à la cauſe de Jacques II,
il ne put empêcher qu'on ne lui diſpu-
tât ſa chartre ſous ce regne arbitraire,
& qu'on ne lui intentât un procès en
forme, pour lui ôter la propriété & la
juriſdiction d'une province, que le Roi
lui avoit cédée, & qu'il avoit peuplée
à ſes propres dépens. Le malheur de
ce Prince foible & infortuné, fut de ne
connoître ni ſes amis ni ſes ennemis;
d'embraſſer tout aveuglément, & de
s'imaginer que le ſeul nom de l'autorité royale ſuffiſoit pour juſtifier la conduite qu'il tenoit, quelque mauvaiſe
qu'elle fût. Ces injuſtices ne purent
ébranler l'honneur ni la conſtance du
Lord Baltimore, ni le porter à abandonner la cauſe de ſon maître. Lorſque
la révolution arriva, quoiqu'il ne dût
ſe promettre aucune faveur, il fut beaucoup mieux traité qu'il ne l'avoit été
du roi Jacques. Il eſt vrai qu'on lui
ôta ſa juriſdiction, mais on lui laiſſa les
revenus de ſa province qui étoient fort
conſidérables; & après que ſes deſcendans furent rentrés dans l'Egliſe Anglicane, ils furent rétablis dans tous leurs
droits.

Lorfque le pouvoir eut changé de mains dans cette province, ceux qui s'y étoient nouvellement établis répondirent peu à la liberté & à l'indulgence dont ils avoient joui fous l'ancienne adminiſtration. Non-feulement ils priverent les Catholiques Romains de la part qu'ils avoient au gouvernement, mais encore des droits de franchiſe dont ils jouiſſoient. Ils adopterent même le corps des loix pénales qu'on avoit faites contre eux en Angleterre. Ils travaillent encore actuellement à en imaginer de nouvelles, & ils iroient très-loin à cet égard, ſi le gouvernement d'Angleterre n'avoit aſſez de prudence & de modération pour mettre des bornes à leur bigoterie ; perſuadé qu'il eſt également injuſte & contraire à la faine politique d'accorder au dehors un aſyle aux ſectes qu'on ne veut point tolérer dans le Royaume, & de leur refuſer en même temps ſa protection. Il ſe reſſouvient d'ailleurs que dans les différens changemens qu'ont ſouffert notre religion & notre gouvernement, & qui ont rendu ces différentes ſectes nuiſibles aux Puiſſances regnantes, que cet aſyle dans l'Amérique, qu'on a ſouffert dans le fort de la perſécution, a été infiniment

avantageux non-feulement à la paix ac-
tuelle de l'Angleterre, mais encore à la
profpérité de fon commerce & à l'affer-
miffement de fa puiffance. Il y a des
gens qui ne veulent point convenir de
cette vérité, en même temps qu'ils
montrent le plus de zèle pour la liberté.
C'eft qu'ils ne veulent qu'une liberté
de parti, liberté qu'ils étendent d'un
côté, pour la reftreindre de l'autre. Ils
ne rougiffent point d'ufer, pour perfécuter les autres, des mêmes prétextes
dont leurs ennemis fe fervent pour les
perfécuter.

Cette Colonie, de même que la Penfylvanie, n'ont jamais connu les per-
fécutions en matiere de religion, & ce
n'a été que fort tard qu'elles ont éprouvé
les malheurs de la guerre, ayant toujours vécu en très-bonne intelligence
avec les Indiens. Il eft vrai que dans
une guerre que ces derniers eurent avec
la Virginie, ils firent une incurfion dans
la province de Maryland; mais ils n'eurent pas plutôt reconnu leur méprife,
qu'ils la reparerent. Les chofes ont
changé de face dans la guerre préfente,
& les Indiens ont appris à méprifer leurs
anciens alliés.

Maryland, non plus que la Virginie,
n'ont

aucune ville confidérable, & pour la même raifon, fçavoir, la grande quantité de criques & de rivieres navigables. Annapolis eft le fiege du gouvernement. Cette ville eft petite, mais avantageufement fituée fur la riviere de Patuxent.

C’eft dans cette ville que le Gouverneur fait fa réfidence, & que l’on a établi la principale Douanne. Les habitans de Maryland, de même que ceux de la Virginie, profeffent la Religion Anglicane; mais le Clergé y eft plus à fon aife, & vit d’une maniere beaucoup plus décente que dans aucune autre contrée de l’Amérique Septentrionale. Les denrées qu’on exporte de Maryland, font les mêmes à tous égards que celles qu’on tire de la Virginie. L’exportation du tabac eft de quarante mille muids. Il y a environ quarante mile blancs & plus de foixante mille négres.

CHAPITRE XIX,

LA CAROLINE.

Les François tentent de s'établir dans la Caroline. Ils en font chaffés par les Efpagnols.

ON ne doit point oublier que l'on appelloit autrefois toute la côte de l'Amérique Septentrionale du nom de Virginie. La province de ce nom, y compris Maryland & la Caroline, étoit connue fous celui de Virginie Méridionale. Les Efpagnols la regardoient comme faifant partie de la Floride, & étendoient fes bornes depuis le Nouveau Mexique jufqu'à l'Océan Atlantique. Ils la découvrirent les premiers; mais ils traiterent les naturels du pays avec une inhumanité qui leur infpira une haine implacable pour le nom Efpagnol, & qui fit qu'ils eurent toutes les peines du monde à s'y établir. Ils ne s'opiniâtrerent point à y demeurer; car quel cas pouvoient-ils faire d'un pays qui ne produifoit ni or ni argent. Les Européens abandonnerent donc la

Floride jufqu'au regne de Charles IX,
roi de France.

L'Amiral de Chatillon, chef des Pro-
teftans qui étoient dans ce Royaume,
auffi grand Général qu'habile politique,
étoit trop clairvoyant pour ne pas voir
les avantages d'un établiffement dans
l'Amérique. Il équippa deux vaiffeaux
pour aller reconnoître cette côte, dans
le deffein vraifemblablement de s'y retirer avec ceux de fa Communion, au
cas qu'il vînt à avoir du deffous en
France. Ces vaiffeaux arriverent au
bout de deux mois fur la côte de l'A-
mérique, près de la riviere d'Alher-
male, dans la Caroline Septentrionale.
Les François firent entendre aux Indiens, du mieux qu'ils purent, qu'ils
étoient ennemis des Efpagnols; ils furent très-bien reçus, mais ils n'étoient
point en état de former aucun établiffement.

A leur retour en France, l'Amiral
fut fi charmé du détail qu'ils lui firent
de ce pays, qu'en 1564 il équippa cinq
à fix vaiffeaux montés de quelques centaines d'hommes, pour y établir une
Colonie. Ils choifirent pour cet effet
l'endroit où ils avoient débarqué dans
leur premiere expédition. Ils bâtirent

un Fort qu'ils nommerent le Fort Charles, & appellerent le pays la Caroline
en l'honneur du Roi regnant. Les Efpagnols en ayant eu avis, détacherent
un corps confidérable de troupes pour
attaquer cette Colonie naiffante, lefquelles, non contentes de l'avoir réduite, maffacrerent tous ceux qui la
compofoient, malgré la foi de la capi-
tulation. Ils maltraiterent les naturels
du pays, & attirerent fur eux par cet
acte de cruauté, la vengeance qui éclata
peu de temps après. Car, quoique l'A-
miral & ceux de fon parti euffent été
tués dans le malheureux maffacre de la
Saint Barthelemi, & que le projet de
cette Colonie fût mort avec lui, cela
n'empêcha pas un particulier nommé
M. de Gorgues d'y envoyer quelques
vaiffeaux pour venger la mort de fes
amis & de fes compatriotes. Les Indiens
faifirent avidement cette occafion de
châtier leur ennemi commun. Ils affiégerent enfemble deux ou trois forts que
les Efpagnols avoient bâti, les prirent,
& pafferent ceux qui les défendoient au
fil de l'épée.

Nos avanturiers s'en retournerent
après cette expédition, & heureufement
pour nous, les François ne connurent

point les avantages qu'ils pouvoient se
procurer , en accordant aux Protestans
dans l'Amérique , le même asyle que
nous avons accordé depuis aux dissidens.
S'ils l'eussent fait , nous n'aurions jamais eu des établissemens dans cette
contrée , où ils auroient été peu de
chose.

CHAPITRE XX.

*Les Anglois s'établissent dans la Caro-
line. Constitution de son gouvernement.
Les Lords propriétaires résignent leurs
chartres. Convertie en un gouvernement royal , & divisée en deux Provinces.*

APRES cette expédition, les Espagnols, les François & les Anglois ne
songerent plus à la Caroline , jusqu'au
temps que M. Walter Raleigh projetta
d'y former un établissement, ainsi qu'on
l'a vu dans l'article de la Virginie. Ce
ne fut point dans l'endroit qu'on appelle aujourd'hui la Virginie , mais dans
la Caroline Septentrionale que nos premiers établissemens furent fondés & dé-
truits. Les avanturiers entrerent ensuite

dans la baie de Chefapeak, & fe fixerent dans le Nord; de forte que quoique la Caroline eût été la premiere partie de la côte de l'Océan Atlantique, qui ait été habitée par les Européens; cependant par un caprice aflez fingulier, les François & les Anglois l'abandonnerent pendant longtemps, & furent s'établir dans des climats moins avantageux & moins agréables.

Ce ne fut qu'en 1663, fous le regne de Charles II, que nous fongeames tout de bon à nous établir dans ce pays. Cette même année, le Comte de Clarendon, Grand Chancelier d'Angleterre, le Duc d'Albermale, le Lord Craven, le Lord Berkley, le Lord Ashley qui fut depuis Comte de Shaftefbury, M. George Carteret, M. Guillaume Berkley, & Monfieur George Colleton, obtinrent une chartre pour la propriété & la jurifdiction de ce pays, depuis le trente-unieme jufqu'au trente fixieme dégré de latitude Septentrionale, avec plein pouvoir de le gouverner conformément à un corps de loix fondamentales qui avoit été compilé par le fameux Locke. Suivant ce plan, les Lords propriétaires étoient en lieu & place du Roi, difpofoient des loix à leur volonté, nommoient tous les Officiers, & accordoient toutes les dignités. Chaque Lord agiſſoit à ſon tour pour tous les autres. Ils établirent dans la province deux autres branches preſque analogues à la légiſlation d'Angleterre. Ils diſtribuerent la Nobleſſe en trois ordres ou claſſes. La plus baſſe étoit compoſée de ceux à qui ils avoient accordé douze mille acres de terre, & ils prenoient le titre de Barons; les ſeconds avoient vingt-quatre mille acres, ou deux Baronies avec le titre de Caciques, ce qui répond au titre de Comte; les troiſiemes avoient deux places de Caciques, ou quatre-vingt mille acres, & ſe nommoient Landgraves, titre qui, dans cette province, eſt analogue à celui de Duc. Ce corps compoſoit la Chambre haute; il ne pouvoit aliéner ſes terres par portions détachées. La Chambre baſſe étoit compoſée, comme dans les autres Colonies, des repréſentans des différentes villes ou Comtés. Mais le tout n'étoit point appellé, comme dans le reſte des plantations, une aſſemblée, mais un parlement.

Ils commencerent leur premier établiſſement ſur une pointe de terre ſituée au Midi de leur diſtrict, entre deux rivieres navigables, quoique de peu d'étendue, appellées Ashley & Cowper, & jetterent les premieres fondemens d'une ville appellée Charles-town qu'ils défignerent pour être la Capitale de la province, comme elle l'eft actuellement. Ce premier établiffement leur coûta environ douze mille livres fterlings. Mais ce ne fut point aux fonds des Lords propriétaires que cette province dut fon établiffement. Ayant obfervé l'avantage dont il étoit aux autres Colonies d'ouvrir un afyle aux réfugiés, cette confidération, jointe à l'humanité qui leur avoit donné le modele de leur gouvernement, fut caufe qu'ils accorderent une entiere liberté à toutes les différentes efpeces de religions. Cela engagea un grand nombre de diffidens, envers lefquels le Gouvernement ufoit d'une févérité beaucoup plus grande que ne l'exigeoit la juftice ou la politique, de fe tranfporter avec leurs biens & leurs familles dans la Caroline. Ils devinrent en peu de temps auffi nombreux que les Anglicans; & quoiqu'exempts de ce fanatifme qui déshonora les réfugiés de la Nouvelle Angleterre, ils ne purent s'empêcher d'être jaloux des Anglicans, qui, l'ayant emporté dans une affemblée, furent d'avis de leur ôter le droit de fuffrage. De-là naquirent des diffentions, des querelles, des tumultes qui déchirerent la Colonie, & l'empêche-rent pendant plusieurs années de faire les progrès qu'on s'étoit promis des avantages de sa situation. Les habitans se brouillerent avec les Lords proprié-taires ; & ayant irrité les Indiens par une suite d'actions injustes & violentes, ils occasionnerent deux guerres dans les-quelles ils furent victorieux, & subju-guerent presque toutes les nations In-diennes en-deçà des monts Apalaches.

Ces dissentions intestines, jointes aux guerres étrangeres, mirent la Colonie dans un état si pitoyable, que le Par-lement, pour en prévenir les suites, donna un acte par lequel cette province fut mise sous l'inspection immédiate de la Couronne. Les Lords propriétaires, faisant de nécessité vertu, accepterent une gratification de vingt-quatre mille livres sterlings tant pour la propriété que pour la jurisdiction, à l'exception du Comte Granville, qui retint la hui-tieme partie de cette propriété, laquelle comprend près de la moitié de la Ca-roline Septentrionale, dans l'endroit où elle confine avec la Virginie. On changea leur constitution dans les points où elle différoit de celle des autres Co-

M v

lonies ; & pour rendre l'adminiſtration plus aiſée, on partagea le pays en deux gouvernemens indépendans appellés Caroline Septentrionale & Caroline Méridionale. Cela arriva en 1728. Peu de temps après, on fit la paix avec les nations Indiennes voiſines, les Cherokees, les Creeks & les Cataubas. La province commença dès-lors à reſpirer, & ſon commerce s'accrut à un point étonnant.

CHAPITRE XXI.

Situation, climat, &c. de la Caroline. Animaux & Végétaux qu'on y trouve.

CES deux provinces ſont ſituées entre le trente-unieme & le quarante-unieme degrés de latitude, & ont plus de quatre cens milles de long ſur près de trois cens de large, juſqu'aux nations Indiennes. Le climat & le ſol de ces contrées différent peu de ceux de la Virginie, ou s'il y a de la différence, elle eſt toute à l'avantage de la Caroline qui eſt un des plus beaux climats du monde. La chaleur en été n'eſt gueres plus forte que dans la Virginie ; mais l'hyver y eſt plus doux & plus court, & le climat

plus tempéré. Quoique le temps en général y soit aussi serein que l'air y est
sain, cependant il a cela de commun
avec toute l'Amérique, qu'il est sujet
à des changemens subits & si vifs, que
les habitans sont obligés d'observer un
plus grand régime par rapport à l'ha-
billement & à la nourriture, que nous
ne le faisons en Europe. Les tonnerres
& les éclairs y sont très-fréquens, &
c'est la seule de nos Colonies dans le
Continent qui soit sujette aux ouragans;
mais ils sont plus rares & moins violens
que dans les Indes Occidentales. Une
partie du mois de Mars, tout Avril &
Mai, & la plus grande partie de Juin y
sont extrêmement tempérées & agrea-
bles; mais dans les mois de Juillet &
d'Août, & pendant presque tout celui
de Septembre, la chaleur est très forte;
& quoique l'hyver soit rude, lors surtout qu'il regne des vents du Nord-
Ouest, il est rare que les rivieres se
gelent. Le froid ne se fait sentir que le
matin & le soir, & les brouillards se
dissipent ordinairement vers le midi,
de maniere que quantité de plantes qui
ne peuvent croître dans la Virginie,
réussissent à merveille dans la Caroline.
Il y a quantité d'oranges douces & ai-

M vj

gres dans les environs de Charles-town.
S'il n'y a point d'oliviers, on doit plutôt s'en prendre à la pareſſe des habitans qu'à la faute du climat. Les plantes
y croiſſent fort vîte ; il y a quelque choſe
de ſi bienfaiſant dans l'air & le ſol . que
les endroits en apparence les plus incultes & les plus ſtériles . lorſqu'on les néglige pendant quelque temps , pouſſent
d'eux-mêmes une quantité prodigieuſe
de plantes , de fleurs & d'arbriſſeaux,
ainſi qu'on peut le voir dans l'hiſtoire
naturelle de la Caroline par M. Cateſby.

Tout le pays, à l'exception des cantons que les habitans ont eu ſoin de défricher, ne forme preſque qu'une forêt.
Les arbres y ſont à-peu-près les mêmes
à tous égards que ceux de la Virginie,
& c'eſt par leurs différentes eſpeces que
l'on juge de la qualité du terrein. Les
terres qui portent du chêne , du noyer ,
ſont extrêmement fertiles. Elles conſiſtent en un ſable noir entremêlé de terre
graſſe ; & comme elles contiennent toutes beaucoup de nitre , elles rapportent
long temps , & on ne les fume jamais.
Celles qui ne portent point du pin ,
ſont les plus mauvaiſes de toutes , étant
preſque entiérement compoſées d'un
ſable blanc. Elles rapportent cependant

du pin & quelques autres plantes utiles,
d'où l'on tire quantité de poix, de goudron & de thérébenthine; & deux années
après qu'on les a défrichées, des récoltes affez paffables de pois & de bled
d'Inde. Le riz vient très-bien dans celles qui font baffes & inondées. Mais
ce qu'il y a de plus avantageux pour
cette province, eft que cette mauvaife
efpece de terre produit une efpece d'indigo qui eft la plus précieufe de toutes
fes denrées. Il y a une autre efpece de
terrein bas & marécageux fur les bords
des rivieres, appellé *swamp* qui, dans
certains endroits, ne rapporte rien,
& qui dans d'autres eft le meilleur de
tous. Il confifte en une terre noire &
graffe qui rapporte quantité de bon riz,
ce grain demandant un terrein gras &
humide. Les plus mauvais cantons font
ceux qui font fitués près de la mer &
des embouchures des rivieres. Ils con-
fiftent pour la plupart en une efpece de
terre pâle, legere & fablonneufe ; &
ceux qui font d'une autre nature, ne
valent gueres mieux, n'étant que des
marais falans, inutiles & mal fains. Le
terrein s'améliore à mefure qu'on avance
dans le pays ; & à cent milles de Charles-town, où il commence à devenir

montagneux, il eſt d'une fertilité prodigieuſe. L'air y eſt pur & ſain, & la
chaleur plus modérée que dans le plat
pays ; car la Caroline ne forme qu'une
plaine de 80000 milles d'étendue, à
compter du bord de la mer ; à peine y
trouve-t-on un caillou ; de maniere que
les meilleurs cantons ſitués près de la
mer, déplaiſent par leur trop grande
uniformité. Mais on ne peut rien voir
de plus beau ni de plus fertile que l'intérieur du pays. Le bled y réuſſit admirablement bien, & multiplie à un
point prodigieux. On le cultive peu
dans les autres parties de la Caroline,
parce qu'il eſt ſujet à la nielle & à monter en paille. Les habitans ſe mettent
d'autant moins en peine de prévenir ces
accidens, qu'ils préférent le riz comme
infiniment plus utile, & l'on peut dire
qu'il n'y en a point de meilleur. Ils tirent le peu de bled dont ils ont beſoin,
de la Nouvelle York & de la Penſylvanie, en échange du riz qu'ils y portent.

Le terrein de la Caroline eſt d'autant
plus aiſé à défricher, qu'il y a très-peu
de taillis. Leurs forêts conſiſtent pour
la plupart en de grands arbres extrêmement eſpacés entr'eux ; de ſorte qu'on

défriche plus de terrein dans cette province dans une femaine, qu'on n'en défriche dans un mois en Europe. Ils coupent les arbres environ à un pied au-deffus de terre, après quoi ils les fcient, fuivant la nature du bois qu'ils veulent en tirer & qu'on leur demande. Dans les endroits trop éloignés de la navigation, on les amoncelle, & on les laiffe pourrir. Les racines meurent en peu de temps. Cette méthode eft d'autant moins incommode, qu'ils ont plus de terrein qu'ils n'en veulent.

On trouve dans ce pays les mêmes animaux que dans la Virginie, mais il y a une plus grande quantité d'oifeaux. Tous les animaux de l'Europe y font très-communs, & les bêtes à cornes s'y font extrêmement multipliées. Tel habitant qui n'avoit il y a cinquante ans que trois ou quatre vaches, en a aujourd'hui mille, & même plus dans la Caroline Septentrionale. Il n'eft pas rare d'en trouver jufqu'à deux ou trois cens chez les particuliers. On les laiffe paître pendant le jour dans les forêts; mais comme les veaux font parqués, les vaches retournent le foir pour leur donner à tetter, reftent avec eux toute la nuit, & s'en retournent le lendemain

matin dans la forêt. Il en eſt de même
des cochons. Ils en élevent une grande
quantité, indépendamment de ceux qui
ſont ſauvages. Il y a beaucoup de chevaux & de bœufs ſauvages dans les forêts, quoiqu'il n'y en eût aucun la premiere fois qu'on s'établit dans le pays.
Les habitans de la Virginie tirent tous
les ans quantité de bœufs de la *Caro-*
line qu'ils tuent eux-mêmes. Ils ſalent
auſſi de la chair de bœuf & de cochon
pour leur uſage, mais le bœuf n'eſt ni
ſi bon, ni ne ſe garde point autant que
celui d'Irlande. Ils tranſportent quantité de bétail dans la *Penſylvanie* & dans
les Indes Occidentales. Les moutons y
ſont moins communs que les cochons
& les bêtes à cornes, & leur laine, non
plus que leur chair, ne valent pas grand
choſe.

CHAPITRE XXII.

Denrées qu'on exporte de la Caroline.
Riz, Indigo, Poix & Goudron.

LES articles les plus confidérables du commerce de la *Caroline*, indépendamment du bois de charpente, des provifions, &c. qui lui font communes avec le refte de l'Amérique, font l'indigo, le riz, le goudron, la térébenthine & la poix. Les deux premiers appartiennent entiérement à la Caroline Méridionale ; & cette partie de l'Amérique, y compris la *Caroline Septentrionale*, produit plus de poix & de goudron que toutes nos Colonies enfemble.

Le riz feul étoit autrefois la marchandife d'étape de cette province. Ce grain falutaire fait une grande partie de la nourriture des habitans des pays Méridionaux ; il eft moins eftimé dans ceux du Nord. Pendant qu'on obligea les habitans de la *Caroline* à l'envoyer directement en Angleterre, pour être tranfporté en Efpagne & en Portugal, les impôts auxquels ce réglement donna lieu, furent fi onéreux au commerce, sur-tout en temps de guerre, que les propriétaires des plantations avoient peine à retirer leurs frais. Le gouvernement s'est aujourd'hui relâché sur cet article, & leur permet d'envoyer leur riz en droiture dans les endroits situés au midi du cap de *Finisterre*. Cette indulgence a fait revivre le commerce de ce grain ; & malgré le profit qu'ils font sur l'indigo, ils ne laissent pas de le cultiver avec soin, de maniere qu'ils en receuillent aujourd'hui le double. Cette seule branche de leur commerce rapporte annuellement cent cinquante mille livres sterlings.

L'indigo est une drogue que l'on tire d'une plante du même nom, que l'on a vraisemblablement appellée ainsi de l'Inde, où on l'a cultivée pour la premiere fois, & d'où pendant un temps considérable on a tiré tout celui que l'on consommoit en Europe. Cette plante, après qu'elle a atteint sa crue, ressemble exactement à la fougere ; mais tant qu'elle est jeune, on a de la peine à la distinguer de la luzerne. Ses feuilles en général font aîlées, & terminées par un seul lobe. Les fleurs sont composées de cinq petales & papillionacées. Le petale supérieur est plus large & plus

rond que les autres, & profondément
dentelé tout autour. Ceux d'en bas sont
plus courts & terminés en pointe. Le
pistile est dans le milieu de la fleur, & se
change en une gousse, dans laquelle les
semences sont renfermées.

On cultive trois sortes d'indigo dans
la Caroline, qui demandent chacun un
terrein différent. Le premier, sçavoir,
celui de France & d'Hispaniola, pousse
un pivot fort long, & demande un terrein gras; d'où vient que bien qu'excellent dans son espece, on le cultive peu
dans les cantons maritimes de la Caroline, qui sont généralement sablonneux;
mais il n'y a aucun pays dans le monde
où l'on en trouve de meilleur à cent
milles de la mer. Une autre raison encore qui empêche de le cultiver, est
qu'il ne peut résister au froid de la Caroline.

La seconde espece, sçavoir, le faux
guatimala, ou le vrai bahama supporte
mieux le froid, parce que la plante est
plus forte & plus vigoureuse, & d'ailleurs il est plus abondant. Il vient dans
les plus mauvais terreins, & c'est ce qui
fait qu'il est plus cultivé que le premier,
quoiqu'il soit moins bon pour la teinture.

Le troifieme eft l'indigo fauvage, qui étant naturel au pays, répond auffi mieux aux vues du cultivateur, tant pour la durée de la plante, la facilité de la culture, que la quantité du produit. On n'eft point d'accord fur fa qualité, & l'on ignore encore fi les mauvaifes qualités de l'indigo viennent de la nature de la plante, de la température des faifons qui ont beaucoup d'influence fur lui, ou de la maniere dont on le prépare.

On plante ordinairement l'indigo après les premieres pluies qui fuccedent à l'Equinoxe du printemps. On feme fa graine dans de petites rigoles efpacées l'une de l'autre de dix-huit à vingt pouces. Lorfque le temps eft favorable, il eft en état d'être coupé au commencement de Juillet. On fait une feconde récolte vers la fin d'Août ; & lorfque l'automne eft tempérée, une troifieme à la Saint Michel. Il faut farcler tous les jours la terre où on le plante, en ôter la vermine, & donner tous fes foins à la plantation. Une vingtaine de négres fuffifent pour foigner une plantation de cinquante acres, & pour completer la manufacture de la drogue, encore ont-ils affez de temps pour pourvoir à leur subsistance, & à celle de leur maître. Lorsque la terre est bonne, chaque acre donne soixante à soixante & dix livres d’indigo qui valent à prix moyen cinquante livres sterlings. On coupe la plante dès qu’elle commence à fleurir ; mais après qu’elle est coupée, il faut prendre garde de ne point la presser ni la secouer en la portant dans l’endroit où on la met rouir, parce qu’une grande partie de la beauté de l’indigo dépend de la farine qui est attachée à ses feuilles.

L’appareil pour faire l’indigo est considérable, mais peu dispendieux. Il consiste en une pompe & quelques cuves & tonneaux de bois de cyprès, lequel est très-commun & à très bon marché dans le pays. Après avoir coupé l’indigo, on le met dans une cuve d’environ douze à quatorze pieds de long, sur quatre de profondeur, à la hauteur d’environ quatorze pouces, pour le faire macérer. On remplit ensuite la cuve d’eau ; au bout de douze ou seize heures, selon le temps, l’indigo commence à fermenter, s’enfle, s’éleve & s’échauffe insensiblement. On l’arrête alors avec des piéces de bois mises en travers, pour empêcher qu’il ne monte trop, & l’on marque avec une épingle le point de sa plus

grande crue. Lorfqu'il baiffe au-deffous
de cette marque, on juge que la fermentation eft à fon plus haut degré, &
elle commence à diminuer. On ouvre
alors un robinet, pour faire écouler
l'eau dans une autre cuve qu'on appelle
le battoir. Les féces qui reftent dans la
premiere cuve, fervent à fumer la terre,
& font un engrais excellent. On continue à y mettre de nouveaux plants,
jufqu'à ce que la récolte foit achevée.

Après avoir fait écouler toute l'eau,
ainfi impregnée des particules de l'indigo, dans le battoir, on fe fert d'efpeces de baquets fans fond, armés d'un
long manche, pour la remuer & l'agiter,
ce que l'on continue de faire, jufqu'à ce
qu'elle s'échauffe, qu'elle écume, fer-
mente & s'éleve au-deffus des bords du
vaiffeau qui la contient. Pour appaifer
cette fermentation violente, on verfe
de l'huile deffus à mefure que l'écume
monte, ce qui la fait baiffer auffitôt.
Après qu'on a ainfi agité l'eau pendant
trente ou trente-cinq minutes, felon le
temps, car il faut la battre plus long-
temps lorfqu'il fait froid, il commence
à fe former de petits grains moifis, ce
qui vient de ce que les fels & les autres
particules de la plante que l'eau avoit

divisées, & qui s'étoient incorporées avec elles, font alors réunies.

Pour mieux découvrir ces particules, & sçavoir si l'eau a été suffisamment battue, on en met de temps en temps quelque peu sur un plat ou dans un verre ; lorsqu'elle paroît telle qu'elle doit être, on fait couler dedans de l'eau de chaux, qui est dans un autre vaisseau, & l'on agite le tout légérement, ce qui facilite l'opération. L'indigo forme des grains plus parfaits, la liqueur acquiert une couleur rougeâtre, elle devient trouble & boueuse, & on la laisse reposer. On fait ensuite couler la partie la plus claire dans différens autres vaisseaux, d'où on la tire dès qu'elle commence à s'éclaircir au-dessus, jusqu'à ce qu'il ne reste qu'un limon que l'on met dans des sacs de grosse toile. On les pend pendant quelque temps, jusqu'à ce que l'humidité soit entiérement dissipée. Pour achever de sécher ce limon, on le tire des sacs, & on le paîtrit sur des ais faits d'un bois poreux avec une spatule de même matiere, l'exposant soir & matin au soleil à différentes reprises, mais pour peu de temps. On le met ensuite dans des boîtes ou caisses que l'on expose au foleil avec la même précaution, jufqu’à ce que l’opération foit finie, & que l’indigo foit fait. Il faut beaucoup d’attention & d’adreffe dans chaque partie de ce procédé ; autrement on court rifque de tout perdre. On ne doit point laiffer l’eau ni trop, ni trop peu de temps ni dans le rouiffoir ni dans le battoir ; il ne faut la battre qu’autant de temps qu’il faut, & prendre garde, en le faifant fécher, de ne tomber ni dans le défaut, ni dans l’excès. Il n’y a que l’expérience qui puiffe mettre un homme au fait de ces fortes de chofes.

On emploie deux moyens pour connoître la bonté de l’indigo, fçavoir le feu & l’eau. Il eft bon, lorfqu’il furnage, ou qu’il fe diffout dans l’eau, & il ne vaut rien lorfqu’il va au fond. Plus il eft pefant, & plus il eft mauvais. On fe fert auffi du feu pour l’éprouver. Il fe confomme entiérement lorfqu’il eft bon, finon il refte des matieres fur lefquelles le feu n’agit point.

Il n’y a peut-être point d’article fur lequel on faffe de fi grands profits que fur l’indigo, ni qui exige moins de dépenfe ; & il n’y a point de pays où l’on puiffe le faire avec autant d’avantage que dans la Caroline, vu la bonté du
climat,

climat, l'abondance & le bas prix des denrées, & la commodité des uftenfiles. On peut dire à la louange de fes habitans, qu'ils n'ont négligé aucun de ces avantages ; & s'ils continuent comme ils ont commencé, & qu'ils s'attachent à le faire auffi bien qu'il doit l'être, ils en fourniront dans la fuite à tout l'Univers ; au moyen de quoi cette province furpaffera autant nos autres Colonies par fes richeffes, qu'elle les furpaffe par fa bonté & la fertilité.

On fait dans toutes les parties de la Caroline, mais furtout dans la Caroline Septentrionale, une grande quantité de térébenthine, de goudron & de poix. On les tire toutes trois du pin. On tire la premiere de l'arbre par de fimples incifions que l'on fait auffi haut qu'un homme peut atteindre. Elles aboutiffent toutes au bas de l'arbre dans un feul point où l'on met un vaiffeau pour la recevoir. Ce procédé n'exige aucune autre préparation. Le goudron demande plus d'appareil & plus de peine. On conftruit une plate-forme circulaire de terre glaife, qui va un peu en talut vers le centre. On place dans cet endroit un tuyau de bois, dont la furface eft de niveau avec la plate-forme,

& qui la déborde de dix pieds. On fait un creux deſſous, dans lequel on met des barils pour recevoir le goudron à meſure qu'il coule. On éleve ſur la plate-forme une pile de bois de pin fendu en deux que l'on entoure d'un mur de terre, au haut duquel on laiſſe une ouverture pour y mettre le feu. Dès qu'il eſt allumé, on la ferme pour empêcher la flamme de ſortir, & donner autant de chaleur qu'il en faut pour faire couler le goudron. On regle cette chaleur comme l'on veut, en perçant le mur avec un bâton, pour donner entrée à l'air. La poix ſe fait en mettant bouillir le goudron dans de grandes chaudieres de fer poſées ſur des fourneaux, ou en le brûlant dans des foſſes de terre glaiſe pratiquées dans la terre. La Caroline Septentrionale eſt l'endroit qui fournit le plus de poix & de goudron.

CHAPITRE XXIII.

Caroline Septentrionale. Histoire de son établissement. Mauvais état de cette Province. Elle s'améliore. Sa Capitale.

IL y a dans les deux provinces qui composent la Caroline, dix rivieres navigables dont le cours est fort long, & quantité d'autres plus petites qui s'y jettent, & qui sont très-poissonneuses. Environ à cinquante ou soixante milles de la mer, il y a dans la plupart des grandes rivieres des cataractes, dont le nombre augmente à mesure qu'on approche de leurs sources. Comme il y en a dans presque toutes les rivieres de l'Amérique, ceux qui naviguent dessus, débarquent leurs marchandises dans ces endroits, les transportent avec des chevaux ou avec des charrettes, & les rembarquent au-dessus ou au-dessous de ces cataractes.

Les embouchures des rivieres de la Caroline Septentrionale, à l'exception d'une qui est au *Cap Fear*, ne reçoivent aucun vaisseau au-dessus de soixante & dix à quatre-vingt tonneaux ; ce qui

fait que ceux qui font plus gros font
obligés de mouiller dans un endroit appellé *Ocacock*, qui eft entre quelques
Ifles & le Continent. La néceffité où
l'on eft de fe fervir de gabares, augmente les frais du commerce. Cette raifon, jointe à ce que les premieres Colonies s'établirent près de la Capitale,
qui eft bien avant du côté du Midi, fit
qu'on négligea la Caroline Septentrionale. Elle ne fut habitée pendant long-
temps que par des gens pauvres & fans
aveu, fans loix ni fans gouvernement.
Les terres étant devenues plus rares
dans les autres Colonies, ceux qui n'a-
voient pas le moyen d'en acheter, s'é-
tant apperçus qu'ils pouvoient en avoir
dans cette province, vinrent s'y établir. Quantité d'autres fuivirent leur
exemple. Le gouvernement donna plus
d'attention à cette province, à mefure
qu'elle s'améliora, & y établit peu à
peu un fi bon ordre, qu'encore qu'elle
foit moins riche que la Caroline Méridionale, elle contient un plus grand
nombre d'Européens. Tout commence
à prendre la forme d'un établiffement;
& les difficultés qu'on a effuyées ne font
point de nature à ralentir notre zèle,
ni à nous faire perdre l'efpérance de

voir le commerce de ce pays devenir un jour une branche utile & florissante de celui que nous faisons dans l'Amérique. On va juger par la liste des denrées & des marchandises qu'on en tire, qu'actuellement même il n'est pas aussi méprisable qu'on le pense.

Edenton étoit autrefois la Capitale de la Caroline Septentrionale, si tant est que l'on puisse donner ce nom à un misérable village; mais M. Dobbs, qui en est actuellement Gouverneur, en a projetté une au Midi sur la riviere Neus, qui, bien qu'elle ait l'avantage d'être un peu plus dans le centre du pays, n'est pas bien située pour le commerce qui est la principale chose que l'on doit considérer dans l'établissement d'une Colonie. Quoiqu'il en soit, il n'y a dans ce pays aucune ville qui mérite la peine qu'on en parle. La commodité de la navigation dans toutes nos Colonies Méridionales, jointe au défaut d'artisans, empêchera toujours qu'il y en ait aucune de considérable.

CHAPITRE XXIV.

Description de Charles - town. Port-Royal. Commerce de la Caroline. Son étendue. Articles trop négligés.

LA seule ville des deux Carolines qui mérite notre attention, est Charles-town, & elle est en effet la premiere de l'Amérique Septentrionale pour sa grandeur, sa beauté & son trafic. J'ai dit ci-dessus qu'elle est située au confluent de deux rivieres navigables. Son port seroit un des meilleurs à tous égards, sans une barre qui empêche les vaisseaux au-dessus du port de deux cens tonneaux d'y entrer. La ville est réguliérement fortifiée par nature & par art; ses rues sont très-bien percées, ses maisons spacieuses, très-bien bâties & très-bien louées. L'église est fort grande & de très-bon goût; il n'y en a pas de plus belle dans toute l'Amérique. Tous les différens sectaires qui l'habitent, y ont des lieux d'assemblées. Elle contient environ huit cens maisons; elle est le siege du Gouverneur, & le lieu où se tient l'assemblée. On y voit quantité d'équipages. Les habitans & les marchands y font fort riches & très-polis. Ils aiment le fafte & la dépenfe, fi bien que tout confpire à rendre cette ville la plus vivante, la plus civilifée & la plus riche de toute l'Amérique.

Le meilleur port de cette province eft Port-Royal. Il eft fitué au Midi fur les confins de la Georgie, & d'une grandeur à pouvoir contenir les plus grandes flotes. La ville, qu'on appelle Beaufort, eft bâtie fur une Ifle de même nom, & eft encore très-peu de chofe; mais tout femble annoncer qu'elle fera un jour la premiere ville commerçante de cette partie de l'Amérique.

Le commerce d'importation que la Caroline Méridionale fait avec l'Angleterre & les Indes Occidentales, eft le même à tous égards que celui de nos autres Colonies, & très-confidérable. Celui qu'elle fait avec les Indiens, eft auffi très-floriffant. Quant à fon exportation, on peut juger de fa nature & de fon augmentation prodigieufes par les deux tables fuivantes. On verra, en les comparant enfemble, les progrès rapides que cette Colonie a faits depuis quelques années, & ceux qu'elle eft en état de faire dans la fuite, au cas que

l'on sçache profiter de ses avantages naturels, vu qu'il n'y a point d'amélio-
ration dont ce pays ne soit suscepti-
ble.

Marchandises exportées de Charles-town
dans l'année 1731.

Riz, 41957 barils.
Indigo, 100000 livres.
Peaux de bêtes fauves, 300 muids.
Poix, 10750 barils.
Goudron, 2063.
Térébenthine, 759.
Bœuf, porc, &c. On en ignore la quan-
tité.

Dans l'année 1754.

Riz, 104682 barils.
Indigo, 216924 livres.
Peaux de bêtes fauves, 460 muids.

114
308

Poix, 5869 barils.
Goudron, 2943.
Thérébenthine, 759.
Bœuf, 416 barils.
Porc, 1560.
Bled d'Inde, 16428 boisseaux.
Pois, 9162 dits.

Cuirs tannés , 4196.
Cuirs cruds, 1200.
Planches , 1114000.
Lambourdes, 206000.
Bois de charpente , 395000 pieds.

sans compter un grand nombre de bétail vivant, de chevaux, de planches de cedre, de cyprès , de noyer, de cire, de myrthe, le coton & la soie crue.

La Caroline Septentrionale, qui passe pour le moindre de nos établissemens , & où l'on a certainement éprouvé de grandes difficultés, n'a pas laissé de s'améliorer depuis quelques années. On peut juger de l'importance de cette province par la table suivante de son commerce, dont je ne garantis point l'exactitude, mais sur laquelle on pourra se former une idée de cette province & de son commerce.

Marchandises exportées en 1754 de tous les ports de la Caroline Septentrionale.

Goudron, 61528 barils.
Poix , 12055 dits.
Térébenthine , 10429 dits.
Planches, 762330.
Bois, 2000647 pieds.

Bled 61580 boiſſeaux.

Pois, environ 10000.

Bœuf & cochon, 3300 barils.

Tabac environ 100 muids.

Cuirs tannés, environ 10000 quintaux.

Peaux de toute eſpece, environ 30000.

ſans compter le bled, le riz, le pain, les patates, la cire, le ſuif, les chandelles, les jambons, le lard, le coton, le bois équarri de noyer, de cedre, le houblon, &c. On cultive depuis peu l'indigo dans cette province ; mais j'ignore en quelle quantité, vu qu'on le tire de la Caroline Méridionale. Le tabac y eſt plus commun que je ne l'ai dit ; mais comme il croît ſur les frontieres de la Virginie, on aime mieux le tirer de là. On rapporte encore de cette province quantité de peaux de caſtors, de lapins, de loutres, de renards & de chats ſauvages, & il ne ſort aucun vaiſſeau qui ne porte quantité de bétail vivant, indépendamment de celui qu'on envoie dans la Virginie. On eſſaye depuis quelque temps de cultiver le coton & la ſoie dans les deux Carolines ; mais je doute qu'on y ait apporté les ſoins néceſſaires. Ce qu'on en a envoyé en Angleterre eſt ſi parfait, que cela doit nous encourager à redoubler notre activité, vu l'importance de ce commerce, & la nature avantageuse dont est le climat pour la production de ces deux articles précieux. On a longtemps négligé le commerce de l'indigo dans cette province, quoiqu'on eût promis une récompense à tous ceux qui le cultiveroient dans nos plantations. On désespéroit de pouvoir y parvenir, & l'on ne croyoit même pas que cette plante pût croître dans la Caroline, lorsqu'à l'exemple de quelques-uns qui avoient réussi, on l'a cultivé avec tant d'ardeur depuis environ six ans, qu'on en a fait l'année derniere cinq cens mille livres pesant. Si les choses continuent sur le même pied, nous pourrons tirer de la Caroline une drogue que nous sommes obligés d'acheter des François & des Espagnols. La soie est plus difficile à cultiver, & exige infiniment plus d'attention ; & c'est ce qui fait que cet article avance fort lentement. Je ne crois même pas qu'une simple récompense suffise pour encourager une manufacture qui souffrira toujours de grandes difficultés dans tout pays qui manque d'ouvriers, & où la main d'œuvre est chere. Le défaut de cet avantage dans la Caro-

line , quoiqu'il n'y ait point au monde
de pays plus propre pour cette forte
de manufacture , ni de fabrique plus
utile à l'Angleterre , fera toujours un
obftacle à l'entreprife dont je parle , à
moins qu'on n'imagine quelque expédient pour l'encourager, ce qui mérite
une attention toute particuliere. L'A-
mérique cft pour nous d'une grande ref-
fource , & elle fubfiftera quand même
toutes les autres branches de notre commerce tomberoient & s'anéantiroient.
Nous ne devons donc négliger aucune
dépenfe pour nous la conferver , ne fût-
ce que pour réparer les pertes que nous
avons faites , & que nous pouvons encore faire dans notre commerce. Ces
fortes de dépenfes ne font point comme
celles de la guerre , onéreufes dans leur
nature , & précaire dans leurs effets.
Etant faites avec jugement , elles affu-
fent de riches moiffons à la poftérité ,
& la génération préfente en eft quitte
pour quelque peu de grain & de foins.

CHAPITRE XXV.

GEORGIE.

Etablissement de la Georgie. Motifs qui y donnent lieu. Le plan de cet établissement défectueux. Projet pour y remédier.

LE Gouvernement s'étant apperçu en 1732 qu'il y avoit une grande étendue de terrein dans la Caroline, sur les frontieres de la Floride Espagnole, inculte & désert, résolut d'en faire une province séparée ; & d'y envoyer une Colonie. La principale raison qui l'engagea à le faire, fut qu'il étoit situé sur les frontieres de nos provinces qui par là restoient nues & sans défense ; au lieu qu'en le peuplant, il devenoit une forte barriere de ce côté-là, ou du moins un rempart suffisant pour garantir la Caroline des incursions que les Indiens, à l'instigation des François ou des Espagnols, pouvoient faire dans cette province. Il avoit de plus en vue d'y cultiver le vin, l'huile & la soie, pour détourner les habitans du commerce des bois & des denrées qui occupe en-

tiérement les autres Colonies, & les
porter à employer leur induſtrie à des
articles plus avantageùx au public. Ce
deſſein étoit certainement louable à tous
égards ; mais peut-être que les moyens
qu'on employa pour le mettre en éxé-
cution, n'y répondirent point.

Le pays ſitué entre les rivieres de *Sa-*
vannah & d'*Alata-maha*, Nord & Sud,
& depuis l'Océan Atlantique à l'Eſt,
juſqu'à la grande mer du Sud au Midi,
fut partagé entre différens propriétaires
qui devoient en jouir pendant un certain temps, paſſé lequel il étoit rever-
ſible à la Couronne. Ce pays s'étend
l'eſpace de ſoixante milles du Nord au
Sud le long de la mer ; ſa largeur dans
les endroits les plus éloignés, eſt de
plus de cent cinquante milles, & de trois
cens depuis la mer juſqu'aux monts Apalaches.

Pour exécuter ce plan, les Ceſſionnaires réſolurent d'engager un nombre
de pauvres gens à aller s'établir dans
cette province, promettant de leur fournir les choſes néceſſaires pour ſe tranſporter dans un pays, dont ils avoient
eu ſoin de faire une deſcription pom-
peuſe. En effet, il differe très-peu de
la Caroline Méridionale, excépté que

l'Été y eſt plus chaud , & le terrein moins fertile. La Colonie partit ſous la conduite de M. Oglethorpe, qui employa généreuſement ſon temps & ſes peines , pour lui procurer un établiſſement.

Les Ceſſionnaires avoient fort bien obſervé que pluſieurs de nos Colonies, ſurtout celles de la Caroline Méridionale , avoient couru de très-grands dangers , pour avoir trop laiſſé multiplier les négres. Pour ne plus tomber dans la même faute, par rapport à une Colonie qui, non-ſeulement devoit ſe défendre elle-même , mais protéger encore les autres, ils défendirent qu'on tranſportât aucun négre dans la Georgie. Ils obſerverent encore qu'il étoit arrivé de très-grands inconvéniens dans les autres Colonies, pour avoir fait de trop grandes conceſſions, vu que les propriétaires en avoient abuſé, ou, ce qui eſt encore pis , avoient négligé de les cultiver. Pour prévenir ce malheur, & empêcher le peuple de tomber dans la pareſſe, & de devenir trop opulent, ce qui étoit incompatible avec le plan militaire ſur lequel la Colonie étoit fondée, ils réſolurent de n'accorder que vingt-cinq acres à chaque famille, &

de ne jamais permettre qu'elle en poſſé-
dât plus de cinq cens. Ils ne voulurent
point non plus que le Fief fût abſolu ,
ni qu'il appartînt à tous les héritiers des
propriétaires, mais ſeulement aux mâles.
Ils défendirent auſſi l'importation du
rum dans la province, pour prévenir
les déſordres que cauſoient dans les autres contrées de l'Amérique Septentrionale, l'uſage exceſſif des liqueurs ſpi-
ritueuſes.

On ne peut diſconvenir que ces réglemens ne fuſſent fort ſages ; mais on
eût pu reconnoître d'abord, comme on
le fit par la ſuite, qu'on les avoit fait
ſans avoir ſuffiſamment conſulté la nature du pays , ni la diſpoſition de ſes
habitans. Car, premiérement , comme
le climat eſt exceſſivement chaud , & le
travail des champs très-pénible dans
une nouvelle Colonie, il étoit impoſſible que des Européens puſſent y réſiſter,
ſurtout en arrivant dans le pays. Il arriva de-là qu'ils paſſerent la plus grande
partie du temps ſans rien faire , & qu'ils
manquerent du néceſſaire. Il eſt vrai
que toutes les Colonies que nous avons
dans le Continent, ſans en excepter la
Virginie & la Caroline , furent fondées
ſans le ſecours des négres. Les blancs

furent obligés de travailler eux-mêmes, & ils le firent, parce qu'ils ne voyoient aucun autre moyen de subsister ; mais il est de la nature de l'homme de fuir la peine dans l'endroit où il est, lorsqu'il voit ses voisins mieux traités que lui dans des circonstances toutes semblables, sans que son sort s'amélioré. D'ailleurs, on ne prit aucune mesure pour les animer au travail , ce qui fit qu'ils tomberent dans le découragement.

L'égalité ne vaut rien dans une nouvelle Colonie. Il est rare qu'un homme veuille abandonner sa patrie , s'il n'a en vue quelque avantage extraordinaire. Pour l'engager à le faire , il faut qu'il y ait dans ce qu'on lui propose, quelque chose qui frappe son imagination. On est alors sûr de réussir, parce qu'il ne raisonne point assez pour sentir que les hommes n'ont pas tous les mêmes talens pour faire fortune , quels que soient tous les avantages qu'on leur propose ; ce qui fait que le plus grand nombre reste dans l'indigence. Tel doit être le sort de ceux qui fondent une Colonie, à moins qu'il n'y ait des personnes assez riches pour anéantir l'industrie des autres. Il en est d'elle comme d'un édifice, où les poutres & les solives ne sont

pas moins néceſſaires que les briques,
les tuiles & les lattes. Rien ne décourage plus un homme d'une entreprise,
que de ne pouvoir donner carriere à ſon
induſtrie, & rien n'étoit plus capable
de produire cet effet, que de borner
les ſucceſſions à la ligne maſculine. Les
Fondateurs furent choqués d'une dif-
tinction qui les mettoit ſi fort au-deſſous des autres Colonies. Ils ſentirent
l'inconvénient qu'il y avoit que les filles
fuſſent exclues de la ſucceſſion, étant
naturel dans une nouvelle Colonie, que
les terres reſtent du moins pour quelque
temps dans la famille, vu qu'elles en
font toute la richeſſe. D'ailleurs, les
vingt-cinq acres ne ſuffiſoient point,
vu qu'en aſſignant cette portion, on
n'avoit point eu égard à la qualité des
terres qui, dans beaucoup d'endroits,
rapportoient très-peu. Ajoutez à cela,
qu'après un franc-aleu fort court, elles
ſe trouvoient chargées de cens plus forts
qu'aucun que l'on paye dans les Colonies les plus fertiles & les mieux établies. En un mot, il me paroît que dans
toutes ces conceſſions, on eut trop d'é-
gard aux profits que pouvoient tirer les
Ceſſionnaires ou la Couronne, des rentes & des aubaines, ce qui nuiſit au

plan qu'on s'étoit proposé, & qui, par lui-même étoit très-peu judicieux. Lorsqu'une Colonie est floriffante & étenduë, les plus petits cens fuffifent pour augmenter les revenus de la Couronne; mais dans une province mal peuplée, les plus fortes rentes ne dédommagent jamais des dépenfes qu'on a faites, quoiqu'elles fuffifent pour charger & appauvrir le peuple.

La fubftitution des biens aux mâles étoit fi onéreufe, que les Ceffionnaires ne tarderent pas à corriger la faute qu'ils avoient commife à cet égard. La prohibition du rum, quoique fpécieufe ou apparente, produifit un très-mauvais effet. Les eaux étoient très-mal faines; on ne pouvoit les corriger qu'à l'aide de quelque liqueur fpiritueufe; & les habitaus eux-mêmes avoient befoin de quelque chofe qui les fortifiât contre la chaleur extraordinaire du climat qui leur caufoit des fievres tierces & quartes. Le pire fut que cette défenfe les priva du débit des feules marchandifes qu'ils euffent, fçavoir, le bled & le bois qu'ils ne pouvoient vendre que dans les Ifles, fans qu'ils en puffent rien tirer, l'importation des négres & du rum leur étant défendue.

CHAPITRE XXVI.

Nouveaux réglemens pour la Colonie. Défaut de fa Nouvelle Conflitution. Commerce de cette province.

CES inconvéniens, joints à plufieurs autres que je paffe fous filence, mécontenterent généralement les habitans. Ils fe querellerent entr'eux & avec les Magiftrats ; ils fe plaignirent, firent des remontrances ; & voyant qu'on ne leur donnoit aucune fatisfaction, plufieurs abandonnerent la Georgie, & fe difperferent dans les autres Colonies, dans l'efpoir d'y trouver mieux leur compte ; fi bien que de plus de deux mille hommes qu'on avoit amenés d'Europe, il n'en refta que fix à fept cens dans cette province. Le mal augmenta de jour à autre, ce qui obligea le Miniftere à révoquer les conceffions qu'il avoit faites, à fe charger du gouvernement de la province, & à caffer tous les réglemens particuliers qu'on avoit faits. Elle fe trouva alors exactement fur le même pied que la Caroline.

Il y a toute apparence que cette démarche prévint la ruine entiere de la Colonie; mais peut-être eut-on tort de négliger le premier plan sur lequel on l'avoit fondée. Il étoit certainement très-judicieux; & s'il fut mal exécuté, ce n'étoit point une raison pour l'abandoner, mais un motif pour employer des mesures plus convenables. Il n'y a certainement rien de plus dangereux que la trop grande disproportion entre les négres & les blancs dans celles de nos provinces où l'on emploie les premiers. La Caroline Méridionale, malgré ses grandes richesses, est moins en état de se défendre, qu'une poignée de petites villes situées sur les frontieres de la Nouvelle Angleterre. A l'égard de la Georgie, on pouvoit tirer parti de la faute que l'on fit de défendre absolument l'usage des négres. Les habitans eussent regardé la permission qu'on leur eût accordée de les employer en telle qualité qu'on eût voulu, non point comme une restriction, mais comme une faveur & une indulgence; & en faisant exécuter à la rigueur les réglemens qu'on auroit fait, on eût mis insensiblement cette province en état de trafiquer & de se défendre; au lieu qu'en leur laissant la liberté d'agir comme bon leur sem-

bloit, la Georgie, au lieu d'être d'au
cun fecours à la Caroline en cas d'atta-
que, a befoin elle-même d'un corps de
troupes confidérable, pour fe défendre.

A l'égard du projet qui concernoit
le vin & la foie, nous l'embraffames
d'abord avec beaucoup d'ardeur, &
nous l'avons négligé depuis. Il étoit
impraticable dans le temps dont je
parle, parce qu'il eft naturel que des
gens qui fe trouvent dans un pays inculte & fauvage, pourvoient d'abord à
leur fubfiftance, en femant du bled, &
élevant du bétail, avant de fonger aux
manufactures. Il faut qu'ils foient un
affez grand nombre, pour que d'autres
puiffent fe difpenfer de cette occupation néceffaire, pour pouvoir débiter
leurs denrées aux prix & dans la quantité qu'il faut. On ne fonge plus aujourd'hui à ces deux articles, quoique
la province foit mieux affermie & mieux
peuplée qu'elle ne l'étoit alors. Le malheur eft que les Anglois conçoivent les
chofes comme il faut, mais qu'ils manquent de conftance pour exécuter ce
qu'ils ont projetté. Nous changeons de
mefure au moindre contre-temps, fans
examiner s'il vient de notre faute, ou
de celle du projet. Cela ne vient point

d'aucun défaut particulier à notre nation, tous les hommes y font également
fujets, lorfqu'on les abandonne à eux-
mêmes. C'eft le peuple qui gouverne
chez nous ; nous ne faifons que ce qui
lui plaît. Il faudroit des meilleurs réglemens, & plus de fermeté dans le gouvernement pour rémédier aux abus auxquels font fujettes toutes les chofes qui
dépendent du caractere & de la difpofition du peuple.

La Georgie commence aujourd'hui,
quoique lentement, à furmonter les difficultés que l'on rencontra lors de fon
établiffement. Elle eft médiocrement
peuplée, quoiqu'il y ait vingt-quatre
ans que cette Colonie eft fondée. Aucune de nos Colonies n'a fait de progrès auffi lents, quoiqu'il n'y en ait
aucune qui ait autant attiré l'attention
du gouvernement & du public, ni donné
de fi grandes efpérances. Ses habitans
exportent quelque peu de bled & de
bois dans les Indes Occidentales ; ils
cultivent le riz & l'indigo depuis quelques années avec affez de fuccès. Il y a
lieu d'efpérer que lorfque fes divifions
inteftines feront appaifées, & qu'on
aura corrigé quelques abus qui fe font
gliffés dans le gouvernement, & que

le peuple fera devenu plus nombreux,
cette province fera très-utile à l'Angleterre.

Il y a dans la Georgie deux villes
déjà connues par leur commerce ; Sa-
vahnah fa capitale, laquelle eft située
environ à dix milles de la mer fur une
grande riviere de même nom, qui eft
navigable deux cens milles au-delà pour
les gros bateaux , jufqu'à la feconde
ville appellée Augufta. Celle-ci eft fituée dans un canton très-fertile , & dans
un endroit fi commode pour le commerce avec les Indiens , que depuis le
premier établiffement de la Colonie ,
elle a toujours été dans une fituation
floriffante & en état d'employer tous les
ans fix cens Européens à ce feul commerce. Les nations Indiennes limitrophes font les hauts & les bas Creeks,
les Chickefaws , & les Cherokees , qui
font les plus nombreufes & les plus
puiffantes de l'Amérique. Le commerce
de pelleteries que nous avons avec ces
peuples eft très-étendu ; il comprend
celui de la Georgie, des deux Carolines & de la Virginie. Nous tirons auffi
d'eux quelques fourrures ; mais d'une
efpece inférieure. Par un effet de la fageffe de la providence , tous les animaux

maux ont le poil plus touffu, plus doux
& plus fin, à proportion qu'on avance
vers le Nord. Plus il fait froid, & mieux
ils font vêtus.

CHAPITRE XXVII.

LA NOUVELLE ECOSSE.

*En quel temps, & pour quelle raifon on
y a fondé une Colonie ; François qui y
font établis. Son climat & fon fol. Annapolis, Halifax & Lunenbourg.*

La derniere province que nous avons
peuplée, ou pour mieux dire, que nous
avons commencé à peupler dans le Continent de l'Amérique Septentrionale,
eft la Nouvelle Écoffe. Cette vafte province que les François appellent Acadie, a la Nouvelle Angleterre & l'O-
céan Atlantique au Sud & au Sud-
Oueft, & le fleuve & le golfe de S. Laurent au Nord & au Nord-Eft. Elle eft
fituée entre le quarante-quatrieme & le
cinquantieme degrés de latitude Septentrionale ; & quoique dans une partie très-favorable de la Zone tempérée, l'hyver y eft d'une longueur

& d'une froideur infupportable pendant plus de fept mois de l'année. Il eft immédiatement fuivi, fans l'intervention d'aucune chofe que l'on puiffe appeller Printemps, d'une chaleur auffi violente que le froid, mais qui n'eft pas de longue durée, & l'on fe trouve enveloppé dans un brouillard perpétuel, même longtemps après que la faifon a commencé. Dans la plupart des endroits le terrein eft fablonneux & ftérile, & produit un bled ridé comme le riz, & un gazon entremêlé d'une mouffe fpongieufe. Cependant il n'eft pas également mauvais par tout, & il y a quelques cantons dans la Nouvelle Écoffe qui ne le cédent point aux meilleurs terreins de l'Angleterre.

Malgré le peu d'apparence de ce pays, ce fut là cependant que l'on fonda les premieres Colonies Européennes, préférablement aux contrées délicieufes qui font au Midi. Les François s'y établirent avant d'entrer dans le Canada ; mais quoique leur ignorance à cet égard foit impardonnable, on ne peut trop louer leur induftrie & leur courage ; car, quoiqu'ils euffent à furmonter beaucoup plus de difficultés que nous n'en éprouvons aujourd'hui, & qu'ils ne reçuffent pas

la centieme partie des secours que nous
tirons de l'Europe, ils ne laisserent pas
d'y subsister & de se multiplier considérablement, tandis que la Colonie que
nous y avons, si le Roi l'abandonnoit
un moment, malgré les sommes immenses que cet établissement a coûté, seroit anéantie pour toujours. Malgré les
encouragemens qu'on lui donne & les
secours qu'on lui procure, elle a de la
peine à se maintenir. Nous avons cependant bien fait d'y en établir une;
car les François auroient immanquable-
ment profité de notre négligence, &
s'en seroient emparés, ce qui auroit
détruit nos Colonies, & augmenté les
profits qu'ils tirent de leur pêche & de
leur sucre.

Ce pays a souvent changé de maîtres,
& passé d'un propriétaire à l'autre, &
des François aux Anglois, & réciproquement jusqu'à la paix d'Utrecht qui a
fixé le droit que nous y avons, de même que le Traité d'Aix-la-Chapelle
nous l'a confirmé. Mais nous avons eu
tort tous deux de ne point fixer les bornes de cette province. On a laissé ce
soin à des Commissaires. Pendant qu'ils
se débattoient entr'eux, les François
bâtirent des Forts, & s'assurerent de la

partie qu'ils avoient deſſein de garder.
J'ai évité dans le cours de cet ouvrage
d'entrer dans aucune diſpute touchant
les territoires, parce qu'elles ſont peu
inſtructives, & qu'elles ne contribuent
en rien à établir les droits publics. Cependant je ne puis m'empêcher d'obſerver que la ligne que les François ont
tirée dans la Nouvelle Ecoſſe, non-ſeulement n'eſt autoriſée par aucun Traité,
mais n'a d'autre but encore que de leur
aſſurer les parties de la province dont
ils font le plus de cas; & que s'ils nous
ont laiſſé une partie de l'Acadie, ce n'a
été que pour montrer quelque défé-
rence pour le Traité d'Utrecht.

La principale ville que nous avions
autrefois dans cette province, s'appelloit Annapolis-Royale; mais, quoi-
qu'elle en fût la Capitale, elle étoit très-
petite, très-mal fortifiée, & encore
plus mal bâtie & peuplée. Nous y mi-
mes les débris d'un régiment qui y reſta
ſans être recruté, depuis le regne de la
Reine Anne; mais, quoique cette ville
n'ait jamais été floriſſante, elle avoit,
à ce qu'on dit, le meilleur port qui fût
dans toute l'Amérique Septentrionale.
Ce n'eſt cependant point dans cet endroit, mais au Sud-Eſt de la Penin-

fule, que l'on a fondé la Colonie dont on forma le projet à la fin de la derniere guerre. Son port eſt fort bon, ſa ſituation très-commode, & la pêche y eſt beaucoup meilleure qu'à Annapolis. La ville s'appelle Halifax du Comte de ce nom à qui l'on doit cet établiſſement. En 1743, le Gouverneur y fit tranſporter à ſes frais & dépens trois milles familles, auxquelles on donna, à ce que je crois, trois régimens pour les garantir des Indiens qui ont toujours été nos plus implacables ennemis. La ville eſt grande, très bien bâtie & fortifiée de paliſſades avec des forts de bois de diſtance en diſtance, qui la mettent à couvert des inſultes des Indiens.

Quoique cette ville paroiſſe très-floriſſante, ſes environs ne ſont cependant point cultivés. Le terrein eſt très-difficile à défricher, & lors même qu'il l'eſt, il ne produit pas grand choſe, & il coûte beaucoup à travailler. Cette Colonie a extrêmement ſouffert des incurſions des Indiens. Elles ont été ſi fréquentes & accompagnées de tant de cruautés, que les habitans ne peuvent s'éloigner qu'à la portée du canon, ni cultiver leurs terres qu'avec beaucoup de danger ; auſſi ne recueillent-ils pas la cinquieme partie des chofes néceffaires pour leur entretien. Ils tirent la plupart de leurs provifions de la Nouvelle Angleterre , & ils mourroient de faim fans la pêche qui , jointe à quelques petites munitions de mer & à la paye de la garnifon , fert à les faire fubfifter. Les troupes ne font pas d'un fort grand fecours contre les Indiens, quoiqu'il y ait trois régimens, & que l'ennemi ne puiffe mettre fur pied qu'environ cinq cens hommes. Les foldats énervés faute d'exercice , attaqués pour la plupart du fcorbut, & affoiblis par l'ufage des liqueurs fortes , ne fçauroient réfifter à l'activité , à la vigilance, à la patience & à l'adreffe des Américains. Une fimple compagnie de chaffeurs , jointe à un petit corps d'Indiens qu'on eût pu lever à très-bon marché chez les tribus qui habitent nos autres Colonies , eût fuffi pour protéger notre établiffement, auroit exterminé les Indiens depuis longtemps, ou les auroit foumis, puifque nous avons le malheur de ne pouvoir gagner leur amitié. Le moyen que je propofe n'eût pas coûté la moitié de ce que coûte la garnifon. Une legere expérience fait fouvent découvrir à des génies ordinaires , des chofes incon-

nues aux Miniſtres les plus pénétrans.
Ce défaut d'expérience nous a fait com-
mettre une faute dont les ſuites ont preſque été auſſi funeſtes. Il y avoit dans le
pays au commencement de cette guerre
un grand nombre de François (quelques-uns le font monter à dix ou douze
milles) que l'on traitoit comme un peuple neutre, au lieu qu'ils euſſent dû
être ſujets du Roi d'Angleterre. Ils ne
l'étoient cependant point, & à dire
vrai, nous nous mettions très-peu en
peine de les protéger. On les accuſa
de favoriſer les courſes des Indiens, &
même de leur fournir des armes & des
munitions. Si nous euſſions bâti un fort
dans leur pays, & que nous y euſſions
mis une petite garniſon à leurs dépens,
ſi nous leur euſſions donné des Magiſtrats, & que nous leur euſſions fait connoître l'utilité & l'excellence de nos
loix, de même que notre puiſſance,
nous euſſions ſauvé la vie à quantité de
gens, & nous n'aurions pas été dans la
néceſſité, ſi tant eſt que c'en fût une,
de prendre des meſures qui, bien que
conformes à la politique, ſont telles
qu'un cœur humain & généreux ne les
adopte jamais qu'à regret.

Outre Annapolis & Haliſax, nous

avons un autre établissement un peu au Sud-Ouest du dernier, appellé Lunenbourg. Nous le devons à quelques Allemands d'Halifax, qui lassés de la stérilité du terrein, demanderent d'aller s'y établir, s'obligeant de pourvoir à leur propre défense. Ils s'y rendirent au nombre de sept à huit cens, & y réussirent assez bien. Une dispute s'étant élevée parmi eux, le Gouverneur envoya un détachement pour l'appaiser, & les garantir de l'ennemi. Cette province ne fait que commencer, & l'on ne peut en parler que par conjecture.

CHAPITRE XXVIII.

TERRE-NEUVE, LES BERMUDES ET LES ISLES DE BAHAMA.

L'ISLE de Terre-Neuve est située à l'Est de cette province. Elle a plus de trois cens milles de long sur deux cens de large ; elle s'étend jusqu'à la Nouvelle Angleterre, & sert de borne au golfe de Saint Laurent du côté de l'Orient. Cette Isle, après bien des disputes, fut entiérement cédée à l'Angleterre par le Traité d'Utrecht. Nous n'avons pas encore tiré grand parti de cette Isle, parce que l'hyver y est long & violent, & que la chaleur de l'Été, quoiqu'excessive, n'échauffe pas assez le terrein pour le fertiliser. Son sol, du moins celui des parties que nous connoissons, est stérile & rempli de rochers. On y trouve plusieurs bons ports, & un grand nombre de rivieres. Cette Isle, si jamais le bois de construction vient à manquer dans le Continent, comme il y a tout apparence que cela arrivera dans peu, nous fournira quantité de mats, de vergues, & le bois dont on a besoin pour le commerce des Indes occidentales. Mais ce qui nous rend cette Isle précieuse, c'est la pêche de la morue, qui se fait sur les basses qu'on appelle les bancs de Terre-neuve, à laquelle les François & les Espagnols ont beaucoup de part. On prétend que cette pêche rapporte à l'Angleterre 300000 livres sterlings par an. Cette somme provient de la morue que nous vendons dans les pays du Nord, dans l'Espagne, le Portugal, l'Italie & le Levant. La quantité de morue que l'on trouve, tant sur le grand banc, que sur les petits qui sont à l'Est & au Sud-Est de cette Isle est inconcevable. Les autres efpéces de poiffons n'y font pas moins abondantes ; elles fe trouvent également fur les côtes de la Nouvelle Angleterre, de la Nouvelle Ecoffe & du Cap Breton, ce qui rend les pêcheries excellentes fur toutes ces côtes, ce qui nous dédommage de la ftérilité de nos Colonies, & attire de grandes richeffes dans le royaume. Indépendamment de Terre-neuve, nous avons encore dans l'Amérique feptentrionale les Bermudes, lefquelles font fort éloignées du Continent, & par le 31me degré de latitude, & les *Ifles de Bahama*. Les premieres furent habitées de bonne heure & devinrent très-célèbres dans les tems de guerres civiles, à l'occafion de plufieurs Royaliftes qui s'y tranfporterent. Le poëte Waller fut du nombre, & y demeura quelque tems. Il fut fi charmé de la férénité de l'air, de la beauté & de la richeffe des productions de ces Ifles, qu'il les célébra dans un poëme, où il regne beaucoup d'inégalité.

Les Bermudes font fort petites, & ne contiennent toutes enfembles qu'environ 20000 acres de terrein. Elles font de difficile accès, étant, comme le dit Waller, entourées d'un rempart de rochers. Ce qu'on a dit de la férénité de l'air, & de la bonté du climat, n'eft point exagéré, mais leur terrein n'a jamais paffé pour fertile. Ce qu'il produit de meilleur eft le cedre, qui l'emporte fur tous les autres de l'Amérique. Il n'a point dégénéré jufqu'aujourd'hui, mais il a confidérablement diminué, & l'on prétend que c'eft ce qui a changé la qualité du climat. Le tems eft devenu plus variable, & quantité de plantes qui y croiffoient autrefois, n'ayant plus d'abri, & étant expofées à la rigueur des vents du Nord, fe font tellement reffenties de ce changement, qu'on n'y en voit plus du tout.

La principale, ou pour mieux dire l'unique occupation de ces infulaires, eft de conftruire des chaloupes & des brigantins de bois de cédre, avec lefquels ils commercent dans les Indes Occidentales. Ces vaiffeaux font excellents voiliers, & durent long-tems, ce qui vient du bois qu'on employe à leur conftruction. Ils n'exportent autre chofe de leur cru, que quelques pierres blanches, & quelques herbes potageres. Ils n'envoyent rien en Angleterre. Ils fabriquoient autrefois des efpéces de chapeaux pour les femmes, faits avec les feuilles du petit palmier , qui ne laiſſoient pas que de leur rapporter beaucoup d'argent ; mais la mode en eſt paſſée.

On compte environ 5000 blancs dans ces Iſles. Leurs négres ſont les meilleurs de l'Amérique , & leur ſont d'un grand ſecours dans leur navigation. Les habitans des Bermudes ſont pauvres , mais ſains , contents & de bonne humeur. Il eſt étonnant qu'ils ne s'adonnent point à la culture de la vigne ; car outre que le terrein y eſt fort propre , leur ſituation & le commerce dans lequel ils ſont engagés les mettroient à même de débiter leurs vins dans l'Amérique Septentrionale , & dans les Indes Occidentales.

Les Bahamas ſont ſituées au midi de la Caroline, entre le 22ᵉ & le 27ᵉ degrés de latitude ; & s'étendent le long de la côte de la Floride , juſqu'à l'Iſle de Cuba. On prétend qu'elles ſont au nombre de cinq cens ; mais quelques-unes ne ſont que de ſimples rochers, il s'en trouve cependant de très-grandes & de très fertiles, qui ne different en rien de la Caroline. Elles ſont toutes inhabitées, à l'exception de la Providence, qui n'eſt ni la plus grande, ni la plus fertile.

Cette Isle servoit autrefois d'asyle aux Pirates, qui infesterent pendant long-temps les mers de l'Amérique. Cela obligea le Gouvernement à y bâtir un fort, à y mettre une Compagnie franche, & à y envoyer un Gouverneur. Tout le commerce de cette Isle ne consiste que dans quelques oranges, qu'elle envoye dans l'Amérique Septentrionale. Elle gagne considérablement en temps de guerre, par les prises qu'on y amene, & par les naufrages, qui sont très-fréquents dans ce labyrinthe d'isles & d'écueils. C'est-là tout l'avantage que nous tirons de ces Isles fertiles, quoique situées dans un climat propre à produire toutes choses, & qui étant à l'abri du froid, donneroient d'aussi bon sucre, qu'aucune des Isles des Indes Occidentales. Rien ne montre plus clairement combien nous avons dégénéré de cet esprit entreprenant, qui étoit si commun dans les deux derniers siécles, & qui a tant fait d'honneur aux Nations Européennes, que de voir des Isles aussi heureusement situées, manquer d'habitants, tandis que nous manquons de sucre, & qu'on paye cent livres sterlings pour un acre de terre dans les Caribes.

CHAPITRE XXIX.

BAIE D'HUDSON.

Tentative pour découvrir un passage au Nord-Ouest. Compagnie de la Baie d'Hudson. Réflexions sur son Commerce, son Climat & son Sol. Conclusion.

IL ne me reste plus qu'à parler des pays situés sur les baies *d'Hudson* & de *Baffin*. Nous devons la connoissance de ces mers, au projet que l'on forma de découvrir un passage à la Chine par le Nord-Ouest. Ce fut en 1576 qu'on le conçut, on l'a depuis repris & abandonné plusieurs fois, sans qu'on l'ait encore exécuté. Frobisher ne découvrit que le Continent de la Nouvelle Angleterre, ou la Terre de Labrador, & les détroits auxquels il a donné son nom. En 1585 Jean David, étant parti de *Dartmouth*, reconnut cette côte de même que celles qui sont plus au Nord, sans qu'il paroisse qu'il soit entré dans cette baie. Hudson fit trois voyages pour cet effet, le premier en 1607, le second en

1608, & le troisiéme en 1610. Cet hardi
& habile navigateur traversa les détroits
qui conduisent dans cette nouvelle Médi-
terrannée, en reconnut une grande partie, & s'avança jusqu'aux 80ᵉ degré 31'
dans le cœur de la Zone glaciale. Sans
se rebuter de la rigueur du climat, des
froids & des neiges qui obsedent cet em-
pire de Borée, il y resta jusqu'au Printemps suivant, & se disposoit en 1611
à continuer son voyage, lorsque son
équipage, lassé des fatigues qu'il avoit
essuyées, se mutina, le saisit avec sept
de ses amis, & l'exposa dans une cha-
loupe à la fureur des flots. On ignore
si Hudson fut englouti par les vagues,
ou massacré par les Sauvages, chez
lesquels il aborda. Quelle qu'ait été
sa destinée, l'immortalité qu'il s'est acquise en donnant son nom à une aussi
grande mer, doit exciter tout homme
généreux à aspirer au même honneur,
& à tenter la même entreprise, le hazard pouvant faire qu'elle ait un meilleur succès.

Malgré les contre-temps que l'on a
essuyés depuis le premier voyage de
Frobisher jusqu'à celui du Capitaine
Ellis, ce qui fait une espace de 180
ans, l'espoir de cette fameuse décou-

verte a augmenté , à chaque nouvelle tentative qu'on a faite, & paroît même renaître des pertes que nous avons faites. Ce qui prouve l'exiſtence du paſſage que nous cherchons depuis ſi long-temps eſt , que les marées ſont plus fortes dans l'intérieur de la baie que près des détroits, ce qu'on ne remarque point dans les autres mers Méditerrannées , & qu'elles augmentent lorſqu'il regne des vents d'Oueſt. Mais quoique nous ayions échoué juſqu'ici dans le but primitif que nous nous ſommes propoſé en allant reconnoître cette baie, nous ſommes amplement dédommagés des dépenſes inſéparables de ces ſortes d'entrepriſes, par la gloire qu'il y a de les avoir tentées. On accorda en 1670 une chartre à une Compagnie, pour le commerce excluſif de cette baie, & quoiqu'il ait été juſqu'ici très-avantageux aux particuliers qui la compoſent , il ne paroît pas que la Grande Bretagne en ait tiré de grands avantages. Il eſt vrai que le commerce qu'elle fait en peaux de caſtors & autres ſemblables pelleteries , eſt très-conſidérable & très-avantageux par lui-même, vu qu'il eſt la baſe de nos manufactures, & qu'il nous en procure le débit, au moyen de quoi il a tous les avantages que l'on peut défirer dans un trafic. La Compagnie débite de plus quantité de peaux de bêtes fauves. On prétend que fes dividendes font prodigieux, & qu'ils excédent les gains que l'on fait dans les autres Compagnies du commerce. Cependant fon capital eſt petit, elle paroît peu difpofée à l'augmenter, & elle femble être dominée de cet efprit de jaloufie qui regne dans la plûpart des fociétés qui jouiffent de priviléges par-ticuliers. Cet efprit a paru principale-ment dans la conduite qu'ont tenue les Officiers de cette Compagnie envers ceux qui ont paffé l'hyver dans leur Jurifdiction, pour aller chercher un paffage au Nord-Oueft, quoique ç'ait été un des buts qu'on s'eft propofé en l'établiffant. Si j'étois le feul de cette opinion, je ne parlerois point avec tant de confiance, mais c'eft un abus dont on s'eft fouvent plaint. Il eft étonnant qu'on n'ait point encore accordé la li-berté de ce commerce à ceux qui font à même de l'entreprendre; & il y a lieu de croire que le miniftére l'auroit déja fait, fi fon attention n'avoit été détournée par la multitude d'affaires qui l'occu-pent.

Les vaſtes pays qui entourent cette baie, ſont remplis d'animaux dont la fourrure eſt excellente, & de quelques eſpeces que l'on ne connoît point encore dans le commerce. La Compagnie eſt même très-éloignée de vouloir s'étendre plus loin. Si ce commerce étoit libre, il en réſulteroit trois grands avantages : 1°. Un plus grand nombre de particuliers s'en mêlant, & les profits étant plus modérés, il conſommeroit une plus grande quantité de nos manufactures, il employeroit plus de vaiſſeaux, de matelots, il procureroit plus de fourrures à l'Angleterre, & faiſant baiſſer le prix de cette marchandiſe, il augmenteroit le débit des ouvrages dans leſquels elles entrent, chez l'étranger. Il nous procureroit d'autres fourrures que celles que nous avons maintenant, & ouvriroit d'autres branches, ce qui eſt très-avantageux dans le commerce. 2°. Le commerce augmentant, le pays ſeroit plus connu, un plus grand nombre de gens s'y rendroient, & l'on pourroit y faire des établiſſements ; au moyen de quoi, au lieu d'un ou deux miſérables forts qu'on y voit aujourd'hui, on pourroit avec le tems établir une Colonie Angloiſe dans la *Baie d'Hudſon* ; le commerce des fourrures augmenteroit, & avec lui le débit de nos manufactures. 3°. Ce commerce dans la *Baie d'Hudson*, pourroit dans peu de temps, & fans nous engager à aucune dépenfe, nous faire découvrir ce paffage du Nord-Oueft, que nous cherchons depuis fi long-temps, ou nous montrer clairement & définitivement qu'il n'exifte point. Tels feroient les avantages que procureroit ce commerce, en y joignant des réglements proportionnés à la nature de fon objet.

On n'a point encore tenté d'établir de Colonie dans la *Baie d'Hudson*. La Compagnie n'y a que deux petits Forts. Le pays eft généralement ftérile ; il ne croît pas même un pin dans les contrées du Nord, & la terre eft fi froide, qu'il n'y vient que quelques miférables ar-briffeaux. L'hyver dure neuf mois de l'année, & les chaleurs font exceffives pendant les trois autres, excepté lorf-qu'il regne des vents du Nord. Les grains d'Europe qu'on y a porté, y ont tous péri ; mais peut-être ceux de Suéde & de Norvege y réuffiroient-ils mieux, vu la reffemblance des climats. Quoique Cambridge foit par le 51e degré de latitude, & dans un climat plus tempéré, l'hyver ne laiſſe pas d'y être très-rude & très-long, & le terrein fort fertile. Il s'en faut cependant beaucoup qu'il augmente uniformément à proportion qu'on approche du Nord. Le Capitaine James, ayant paſſé l'hyver dans l'Iſle de Charlton, laquelle eſt ſituée au 51ᵉ degré de latitude, y eſſuya un froid ſi violent, qu'il crut qu'il étoit impoſſible d'y habiter. Cependant la Compagnie a un Fort dans un endroit plus près du Nord, où ſes Employés ne laiſſent pas de vivre à leur aiſe. On l'appelle le *Fort-Nelſon*.

Tous les animaux de ces contrées ont le poil très-doux, très-chaud & très-touffu; & pendant l'Eté on remarque, ici de même que dans les autres endroits, beaucoup de variété dans leurs couleurs. Cette ſaiſon paſſée, ils prennent leurs habits d'yver, & les animaux, de même que la plupart des oiſeaux, deviennent auſſi blancs que la neigne, ce qui eſt une couleur commune, tant aux choſes animées, qu'à celles qui ſont inanimées. Ce phénoméne eſt très-ſurprenant, mais ce qui l'eſt encore plus, & qui fait admirer la ſageſſe & la bonté de la Providence eſt, que les chiens & les chats qu'on a tranſportés d'Angleterre dans la Baie d'Hudson, ont entiérement changé de poil à l'approche de l'hyver, & qu'il est devenu plus long , plus doux & plus touffu. Quant aux habitants du pays, la Providence , ici comme par tout ailleurs , ne leur a donné d'autres secours que leur art & leur industrie , & ils en montrent beaucoup dans la maniere dont ils allument du feu , dont ils s'habillent , & dont ils garantissent leurs yeux des mauvais effets de la blancheur de la neige , dont ils sont entourés pendant la plus grande partie de l'année. Ils sont d'ailleurs très-sauvages. Ils ne ressemblent ni pour la taille , ni pour la phisionomie aux Américains qui habitent les contrées Méridionales , mais plutôt aux Lapons & aux Samoïedes d'Europe , dont ils sont probablement descendus. Les autres Américains paroissent tirer leur origine des Tartares.

Voilà tout ce que j'avois à dire des Colonies Angloises établies dans l'Amérique. Je me flate que personne avant moi n'en a donné une idée aussi complette en si peu de mots. Le Lecteur peut maintenant juger par lui - même , car mon dessein n'est point de prévenir son jugement là-dessus , des progrès qu'elles ont fait, du principe végétatif qui est en elles, de sa force, & des signes de corruption qu'on peut y remarquer. Il sera encore en état de connoître jusqu'à quel point nous avons poussé les avantages que nous pouvons tirer de notre situation, & de la nature du pays, &, au cas que nous l'ayions fait, si nous avons atteint le dernier point, il verra encore de quelle utilité ces Colonies ont été à l'Angleterre, & ce que celle-ci a fait, ou négligé de faire, pour les rendre heureuses & les faire prospérer. Il est certain qu'elles méritent notre attention, & qu'elles sont à même de la récompenser. Dans l'état même où elles sont, j'ose dire que nous en tirons plus de profit, que les Espagnols & les Portugais n'en tirent des leurs, quoiqu'elles abondent en or, en argent & en pierreries, au lieu que les nôtres sont privées de ces richesses éblouissantes & trompeuses. Mais il me feroit aisé de prouver, que si elles nous eussent procuré ces riches métaux, elles nous seroient infiniment moins avantageuses. Le commerce que nous faisons avec elles, excite notre émulation & notre industrie ; elles ne nous donnent rien qui ne leur appartienne, & ce que nous en recevons, entre dans nos manufactures, excite notre induſtrie , & augmente notre commerce, au lieu que l'or n'eſt que le motif, & non le moyen de commercer. On remarque dans les Nations, de même que dans les fortunes des particuliers, que tout ce qui ne vient point du travail , & que l'on acquiert par d'autres moyens, n'eſt pas de longue durée. De pareilles acquiſitions énervent l'induſtrie, qui ſeule eſt la ſource des vraies richeſſes.

Nos ancêtres n'ont pu comprendre, qu'une nation pût ſe peupler, en envoyant au-dehors une partie de ſes habitants. Nous avons vécu pour voir ce paradoxe confirmé par l'expérience , mais nous n'avons pas aſſez profité de celle-ci ; puiſque nous commençons , du moins quelques-uns de nous, à craindre de dépeupler notre pays, en fondant de nouvelles Colonies, ou en augmentant celles qui ſont déja fondées. Si nos Colonies trouvent, comme elles l'ont fait juſqu'à préſent, à occuper un grand nombre d'hommes, il n'eſt pas à craindre qu'elles manquent jamais d'ouvriers. Il eſt abſurde de croire qu'une Nation riche, commerçante, & qui fait valoir beaucoup de manufactures, puiſ-

ſe manquer d'habitants ; car outre que
les hommes ſe multiplient naturellement là où ils trouvent le plus de moyen
de ſubſiſter , il .eſt auſſi naturel qu'ils
accourent dans un pays riche , & où ils
trouvent.de l'occupation , qu'il l'eſt que
l'air s'inſinue dans les parties où il y
a du vuide. Il faut bien peu connoître
ce pays pour ne pas s'appercevoir, qu'il
y a une quantité de gens , qui , s'ils
trouvoient à s'occuper ailleurs, pourroient s'expatrier ſans que le public s'en
reſſentit.

J'ai déja obſervé que le commerce
de nos Colonies mérite plus d'attention qu'aucun autre que ce ſoit , non-
ſeulement à cauſe des avantages dont
je viens de parler , mais parce que nous
ſommes aſſurés d'en être récompenſés
avec uſure. L'objet eſt entre nos mains ,
il eſt d'une nature ſavorable , & d'une
étendue à occuper un génie inventif.
L'étude de la politique a quelque choſe
de plus grand & de plus amuſant , que
celle de l'économie domeſtique ; mais
cette derniere , quoique moins éblouiſ-
ſante , procure des avantage plus ſolides , plus ſurs & plus durables. Le principal objet que nous devons avoir en
vue par rapport à l'Amérique , eſt de
peupler ;

peupler, d'occuper & de fortifier les Colonies que nous y avons, & de ménager nos intérêts relativement aux François & aux Espagnols. Il nous convient de respecter, de ménager & même de supporter ces derniers, vu que nous pouvons obtenir plus de choses d'eux par cette voie, que par les moyens violens que quelques-uns ont si fort recommandés, & ne cessent de recommander encore, quoique l'expérience nous ait souvent convaincus de leur insuffisance. A l'égard des François, leur caractere, leur situation, leurs projets, en un mot, tout nous a appris que nous devons employer tous les moyens possibles pour les empêcher d'étendre leurs territoires, leur commerce, leur influence, & sur toutes choses, de prendre pied sur nous, mais de maniere à ne point nous affoiblir & perdre nos intérêts de vue pour leur nuire. Comme nous sommes actuellement en guerre, il est impossible de pouvoir rien dire de satisfaisant sur les connexions que nous avons avec eux dans l'Amérique, jusqu'à ce qu'on ait vu par le nouveau Traité de paix, la maniere dont ce pays sera partagé entre les deux nations qui y sont établies.

CHAPITRE XXX.

*Gouvernement des Colonies Angloifes &
Cours du papier. Abus qu'il occafionne. Moyens d'y remédier.*

On n'a jamais fuivi aucun plan ré-
gulier dans l'établiffement de nos Colonies. Elles fe font formées, elles ont
augmenté & fleuri, felon que le hazard, la nature du climat, ou le caractere des particuliers y ont donné lieu.
On ne doit donc pas être furpris de
trouver fi peu d'uniformité dans leur
conftitution & leur gouvernement. On
a dit qu'il n'y a aucune efpece de gouvernement qui n'eût lieu dans quelques-
unes de nos plantations. Cette variété
eft certainement vicieufe ; mais cette
obfervation fouffre quelque reftriction,
vu qu'il y a quelques formes qu'elles
ignorent entiérement. Par exemple on
n'a jamais connu dans aucune le gouvernement Ariftocratique.

La premiere Colonie que nous avons
fondée eft la Virginie. Elle fut gouver-
née pendant quelque temps par un Pré-
fident & un Confeil nommés par la

Couronne ; mais après que les habitans
se furent multipliés, on ne crut pas qu'il
convint de les laisser sous une forme de
gouvernement aussi contraire à celui
dont ils avoient joui en Angleterre.
On leur permit donc d'élire des Députés pour les différentes Comtés dans
lesquelles cette province est divisée,
lesquelles jouissent des mêmes priviléges que les Députés des Communes
en Angleterre. Ces Députés forment
ce qu'on appelle la Chambre Basse. On
laissa cependant subsister le Conseil,
dont les membres étoient nommés ,
comme ils le font encore aujourd'hui
par la Couronne ; & non-seulement ils
font nommés par celle-ci , mais ils ne
s'assemblent qu'autant de temps qu'il
plaît au Roi de le leur permettre, ce
que le Gouverneur a soin de leur signi-
fier. On les traite d'*Honorables*, & on
les choisit parmi les personnes les plus
riches & les plus apparentes du pays.
Ils forment une autre branche de la lé-
gislation, & on les appelle quelquefois la Chambre Haute de l'Assemblée.
Elle est à - peu - près la même que la
Chambre des Pairs en Angleterre. Comme la Chambre Basse est la gardienne
des priviléges du peuple, de même le

Confeil eft principalement établi pour foutenir les prérogatives de la Couronne, & pour tenir la Colonie dans la foumiſſion qu'elle lui doit. Pour mieux répondre à ces fins, les membres qui le compofent ne reſtent en place qu'autant de temps qu'il plaît au Roi de les y laiſſer.

Après qu'un bill a été reçu dans les deux Chambres, on le préfente au Gouverneur qui repréfente le Roi qui lui donne ou lui refufe fon confentement felon qu'il le juge à propos. Il a alors force de loi, mais on eſt obligé de l'envoyer au Roi & au Confeil d'Angleterre qui peuvent le rejetter, & dans ce cas il n'a plus d'effet. La Chambre haute de l'Affemblée, non-feulement forme une partie de la légiſlation de la Colonie, elle tient encore lieu de Confeil privé au Gouverneur qui ne peut rien faire fans elle ; elle tient lieu quelquefois de Cour de Chancellerie. Telle eſt la forme du gouvernement dans toutes les Ifles des Indes Occidentales, dans la Nouvelle Ecoffe, dans une province de la Nouvelle Angleterre, & avec quelques reſtrictions dans une autre ; dans la Nouvelle York, la Nouvelle Jerfey, la Virginie, les deux Carolines & la Georgie. On appelle communément cette forme un Gouvernement Royal.

La feconde forme ufitée dans nos plantations eft appellée un gouvernement propriétaire. La premiere fois que l'on s'établit dans cette partie du monde, il n'étoit pas difficile à un homme qui avoit du crédit à la Cour, d'obtenir des pays auffi vaftes que bien des Royaumes, d'être revêtu d'un pouvoir peu inférieur à celui d'un Souverain, de leur donner telles loix & telle forme de conftitution qu'il lui plaifoit. Le feul hommage qu'il fût tenu de rendre à la Couronne d'Angleterre, fe réduifoit à un arc, quelques pelleteries & autres bagatelles. Nous avions autrefois plus de gouvernemens de cette efpece que nous n'en avons à préfent. Ce fut ainfi que la Barbade fut cédée au Comte de Carlifle ; & de notre temps, l'Ifle de Sainte-Lucie au Duc de Montaigu ; mais cette conceffion, après avoir jetté ce Seigneur dans des dépenfes confidérables, n'aboutit à rien, la France ayant fait revivre les droits qu'elle avoit fur cette Ifle. Notre union avec cette Couronne en 1722, nous empêcha de foutenir les nôtres avec la vi-

gueur néceffaire. La Caroline étoit autrefois un gouvernement de cette efpece ; mais il fut partagé entre huit différens propriétaires. On a vu ci-deffus
les raifons qui les obligerent à renoncer
à leurs droits. La Nouvelle Jerfey étoit
auffi un gouvernement propriétaire ,
mais qui tomba de même que les autres. Les feuls gouvernemens de cette
efpece qui fubfiftent aujourd'hui , quoique confidérablement déchus de leurs
priviléges , font la Penfylvanie & Maryland. La conftitution de cette derniere reffemble exactement à celle des
gouvernemens Royaux ; un Gouverneur, un Confeil & une Affemblée des
repréfentans de la nation ; le Gouverneur eft nommé par le propriétaire , &
confirmé par la Couronne, laquelle a
la nomination des Communes , & fes
Officiers font indépendans du gouvernement de la province. Dans la Penfylvanie , le propriétaire eft foumis aux
mêmes reftrictions que celui de Maryland du côté de la Couronne ; mais il eft
encore plus reftreint du côté du peuple ,
dont la légiflation n'a que deux parties ,
fçavoir, l'Affemblée du peuple & le Gouverneur ; de forte que celui-ci n'ayant
point dans le Confeil le même afcendant

que dans les autres provinces, il eſt ſûr, toutes les fois qu'il n'eſt point d'accord avec le peuple, d'avoir le deſſous.

La troiſieme forme eſt celle des Chartres, appellée par les Anglois *Charter government*. C'étoit autrefois celle de toutes les provinces de la Nouvelle Angleterre, mais elle ne ſubſiſte plus que dans deux, ſçavoir, Connecticut & l'Iſle de Rhodes. Par les Chartres de ces Colonies, le pouvoir exhorbitant dont jouiſſoient les particuliers dans les gouvernemens propriétaires, réſide dans le corps du peuple, ce qui me paroît infiniment plus dangereux. Ce n'eſt à tous égards qu'une pure Démocratie. Ils éliſent tous leurs Officiers depuis le plus grand juſqu'au plus petit ; ils les dépoſent à leur gré, & les loix qu'ils font ſont valides, ſans même que le Roi les approuve. Je ſuis perſuadé que cette liberté immodérée a contribué en quelque ſorte à faire fleurir ces Colonies ; mais d'un autre côté, elle les a rendues moins utiles à l'Angleterre ; au lieu qu'il fût arrivé tout le contraire, ſi l'on eût ſuivi un plan qui eût embraſſé les intérêts de la Grande Bretagne, de même que ceux des nouveaux établiſſemens. La vérité eſt qu'il ne pa-

roît aucune légiſlation dans le plan de
nos Colonies. Les gouvernemens en
Chartres étoient évidemment établis ſur
le modele de quelque-unes de nos Com-
munautés ; & quoique bons en eux-
mêmes, ils ne valent rien pour des peuples établis dans des contrées éloignées
& loin des yeux & de la main du pouvoir ſuprême. Une conſtitution peut
être utile pour un membre inférieur
d'un grand corps, & qui lui eſt étroitement uni ; mais elle ne vaut rien pour
un nouvel établiſſement, lequel doit
former une eſpece de République dé-
pendante dans une contrée éloignée.
Le but que l'on doit ſe propoſer, eſt
de rendre le nouvel établiſſement le plus
utile qu'il eſt poſſible à la nation ; d'aſſurer ſa dépendance ; de pourvoir au
bien-être, à la ſureté & au bonheur de
ceux qui le compoſent ; de les protéger
contre leurs ennemis, de les garantir
de la tyrannie & de l'avarice de ceux
qui les gouvernent, & des mauvais effets que produit la trop grande licence ;
de faire enſorte que par trop de liberté
ils n'oublient jamais qu'ils ſont ſujets,
ni que la trop grande ſervitude les mette
à même de ne plus ſe regarder comme
ſujets de la Grande Bretagne. Voilà,

je pense, ce que doivent être les Colonies. Or, le gouvernement en question
ne se propose aucun de ces objets, &
ne vaut par conséquent rien pour ces
sortes d'établissemens.

La province de la baie de Massachu-
sets, qui est en partie un gouvernement
de cette espece populaire, mais tempéré par l'autorité royale, paroît être
sur un plus mauvais pied, pour n'avoir
point pourvu aux honoraires du Gouverneur. Cette faute a donné lieu à
quantité d'autres, parce que le Gouverneur est obligé d'user d'intrigues &
de stratagêmes pour concilier les différens rôles qu'il est obligé de faire, &
dé gouverner par le moyen des factions
& des cabales. De-là vient que les charges de ce seul gouvernement sont plus
fortes que celles des autres provinces
de la Nouvelle Angleterre prises ensemble, quand même on y ajouteroit
celles de la Pensylvanie & de la Nouvelle York. Cette Colonie est extrêmement endettée, ses dettes augmentent tous les jours, & son commerce
va en décadence.

On se plaint depuis longtemps de ce
qu'on ne peut citer les Gouverneurs de
l'Amérique en Justice, lorsqu'ils com-

mettent des malverfations dans leurs provinces, ni leur faire reftituer les fommes d'argent qu'ils ont extorquées au public. Nous avons maintenant trois moyens pour remédier à cet abus, le Confeil privé, le banc du Roi & le Parlement. Le Confeil, lorfque les plaintes font fondées, peut dépofer le Gouverneur ; il ne peut aller plus loin. Le banc du Roi peut le châtier des fautes qu'il a commifes dans l'Amérique, de même que fi c'étoit en Angleterre. Le Parlement a un pouvoir illimité dans ce qui concerne la recherche & le châtiment des crimes. Le premier de ces moyens ne fçauroit fuffire pour intimider un Gouverneur qui s'eft enrichi par des voies iniques, & qui peu fenfible à l'honneur, confent à fe démettre de fa charge, pour jouir paifiblement des biens qu'il a amaffés. Le banc du Roi, ou telle autre Cour de Juftice, me paroît être également infuffifant pour cet effet, parce que les fautes que l'on commet dans le gouvernement, quelque griéves qu'elles puiffent être, ne font point de nature à pouvoir fubir toutes les formalités d'un cours de juftice réglée. Le Parlement peut faire l'un & l'autre ; mais il peut arriver que les

provinces reſtent auſſi foulées qu'elles,
l'étoient auparavant.

La loi qui a cours dans toutes nos
provinces, indépendamment des actes
qu'elles ont faits de temps en temps pour
les affaires qui les concernent, eſt commune à toute l'Angleterre; elle n'eſt
qu'un compoſé des loix anciennes &
d'une partie des nouvelles que la plupart de nos Colonies ont adoptées avec
auſſi peu de choix que de diſcernement.
Il eſt vrai que les loix d'Angleterre ſe
ſont perfectionnées par ſucceſſion de
temps; mais elles ſont devenues plus
diffuſes, plus épineuſes & plus embrouillées, tant par les abus qui s'y ſont
gliſſés, que par les moyens qu'on a
pris pour y rémédier. Les Colonies demandent des loix plus ſimples, plus
claires & plus préciſes, quand même
elles ſeroient moins parfaites; des loix
appropriées au temps, au pays & aux
mœurs de ceux qui le compoſent. Il y
a quantité de choſes dans les loix d'Angleterre, qui ſont fondées ſur des raiſons qui ne ſubſiſtent plus il y a long-
temps, & qui ne conviennent qu'à elle
ſeule. Cependant tout le poids de cette
maſſe mal aſſortie que ni nous ni nos
peres n'avons pu ſupporter, porte ſur

ces Colonies ce qui occafionne des difputes, & ne fait que les entretenir, parce que ces loix font trop embrouillées, & ne font point appropriées à leur objet. De-là vient que dans plufieurs de nos Colonies, les gens de Juftice fe font emparés d'une partie des richeffes du pays, quoiqu'ils foient moins utiles dans ces fortes d'établiffemens que dans les pays plus peuplés, où il y a quantité de gens qui ne s'occupent ni des Arts ni de l'Agriculture, ni du commerce. Nos freres de l'Amérique auroient certainement mieux fait de fe contenter des priviléges auxquels les Anglois doivent leur gloire & leur bonheur, fans y joindre cette quantité de fatras, auffi inutile chez nous que préjudiciable dans nos Colonies.

Les loix ne font gueres plus propres que l'argent à cimenter les fociétés; & celles-ci fleuriffent, & vont en décadence, felon l'état où ces deux fe trouvent. Il eft aifé de juger que la balance du commerce avec la Grande Bretagne étant toute au préjudice des Colonies, que l'or & l'argent qu'elles peuvent tirer des autres branches de leur commerce, fait peu de féjour dans l'Amérique. Il s'enfuit de-là qu'avant qu'il

foit peu, elles manqueront d'argent,
& ce que je dis ici eſt confirmé par
l'expérience. On voit très peu d'argent
chez elles, malgré la vaſte étendue de
leur commerce. On a cru pouvoir ſup-
pléer à ce défaut par ce qu'on appelle
papier courant; mais c'eſt juſtement ce
qui l'a occaſionné. Cette monnoie n'a
point été établie pour la commodité
du trafic, mais par les beſoins du gouvernement, & ſouvent par les fraudes
& les artifices de quelques particuliers
qui n'ont eu que leurs intérêts en vue.
Il eſt vrai qu'avant cette invention l'argent étoit aſſez rare dans l'Amérique;
mais ils augmentoient ſa valeur, & ils
s'en trouvoient bien. Je n'examinerai
point ici les cauſes qui ont augmenté
les charges du gouvernement dans toutes nos provinces de l'Amérique, dont
la principale eſt d'avoir formé des projets diſproportionnés à leurs forces. Cela
les a jettées dans des dépenſes qu'elles
n'ont pu ſupporter; & comme on a
vu que ce feroit les ruiner entiérement
que de leur impoſer de trop fortes taxes,
le crédit eſt alors venu au ſecours de
l'argent; & le gouvernement a créé des
billets, juſqu'à la concurrence des ſommes dont elles avoient beſoin, que les

particuliers ont été obligés de prendre en payement. On en eſt même venu à impoſer une taxe, ou bien on a trouvé des perſonnes qui ont engagé volontairement leurs terres, pour répondre du payement de cette dette, & retirer ces billets. Mais avant que ces taxes ayent produit l'effet qu'on s'eſt propoſé, il eſt ſurvenu des nouveaux beſoins qui ont obligé d'en créer d'autres; les dettes ſe ſont accumulées, & les taxes n'ont pu ſuffire pour les acquitter. On s'eſt même apperçu que les cautions que l'on avoit données, étoient frauduleuſes, & preſque toujours inſuffiſantes. Ces billets n'ont pu ſoutenir plus long-temps le crédit du gouvernement, lequel eſt fondé ſur ſes revenus. On l'a comparé avec ſon commerce, & il s'eſt trouvé ſi diſproportionné, que ces billets ont diminué dans quelques endroits de dix, de vingt, cinquante, & même quatre-vingt pour cent. Ça été en vain que le gouvernement a voulu ſoutenir ſon crédit, juſqu'à forcer les particuliers à recevoir ces billets ſur le pied qu'on les avoit créés, & même ſur celui de l'or & de l'argent. Ils ſont tombés de plus en plus en diſcrédit, parce que le gouvernement a continué d'en créer

de nouveaux, fans fe mettre en peine
de retirer les premiers, fans qu'il lui ait
été poffible de lui donner cours.

Il eft aifé de fentir combien l'incer-
titude où l'on eft fur la valeur de l'argent, doit retarder les affaires, vu qu'un
homme qui reçoit aujourd'hui un billet
en payement fur le pied de dix fchelins,
ne pourra le faire paffer demain pour
cinq, ni peut-être pour trois. On ne
fçauroit trop multiplier l'argent dans
un pays, à caufe que plus il augmente,
& plus c'eft un figne que le commerce
augmente auffi, vu que c'eft par lui
qu'on juge de fon étendue, de même
que de la vigueur de tout le corps politique. Mais ce papier peut augmenter,
fans que le commerce augmente, & fouvent même lorfqu'il diminue ; car il
n'eft point la mefure du commerce de
la nation, mais des befoins de fon gouvernement ; & il eft abfurde, & même
ruineux que la même caufe qui appau-
vrit naturellement une nation, puiffe
en même-temps être la feule caufe de fa
richeffe.

Le cours des monnoies dans nos plantations ne doit point fe régler fur les
fonds que nous avons en Angleterre.
Car outre qu'il ne dédommage point

de la mauvaife qualité de la caution ; celle-ci eft fi ufée, qu'il eft impoffible de la mettre en crédit, y ayant des endroits dans la Nouvelle Angleterre, où fi l'on vendoit les fonds de terre & les particuliers qui les poffedent enfemble, on n'en tireroit pas affez d'argent pour acquitter tous les billets qu'on a répandus dans le public.

Je fuis perfuadé que l'on peut encore trouver quelque remede à ce mal, d'autant plus que ceux qui font à la tête des affaires, s'intéreffent eux-mêmes à le faire ceffer Ce feroit de frapper en Angleterre ou dans l'Amérique une monnoie courante dans laquelle il y eût autant d'alliage qu'il le faut pour lui laiffer quelque valeur, mais d'un fi bas alloi, qu'elle ne peut avoir cours en Angleterre. On a fouvent employé cet expédient avec fuccès dans plufieurs contrées de l'Europe ; mais particuliérement en Hollande, qui eft certainement une nation qui entend parfaitement le commerce, de même que fes véritables intérêts.

F I N

De l'Imprimerie de P. AL. LE PRIEUR,
Imprimeur du Roi.